Africanas

Africanas

50 (+1) mujeres en el mundo

CARLA FIBLA GARCÍA-SALA
JAVIER FARIÑAS MARTÍN

C/ Arturo Soria, 101. 28043 Madrid
Tel.: 91 415 24 12
E-mail: edimune@combonianos.com
www.edimune.com

Diseño y maquetación: José Luis Silván Sen

ISBN: 978-84-7295-288-1
Depósito legal: M-9108-2024
Imprime: Jomagar
Impreso en España - Printed in Spain

ÍNDICE

Prólogo

El orgullo femenino

Me siento muy honrada por la solicitud de escribir un prólogo a este precioso libro que narra las hazañas de mujeres africanas que dan ejemplo de la capacidad de transformación de la que África es capaz, una transformación que demuestra claramente que es un continente del futuro y que está en proceso de levantar la cabeza. Las mujeres de las que se cuentan sus hazañas en este libro han tenido el coraje de arremangarse e involucrarse en diferentes oficios para demostrar que las africanas tienen un lugar en la construcción del continente y, al mismo tiempo, juegan papel muy importante en la construcción de un mundo mejor.

En Occidente, algunos todavía piensan que África es un continente sombrío, caracterizado por la violencia y la pobreza. Son pocas las personas plenamente conscientes de nuestras riquezas culturales. Es importante saber que las riquezas africanas no son, principalmente, cosas materiales, sino que nuestra cultura es la del *ubuntu*. Las cosas materiales están para compartirlas y no para quedárselas para una misma cuando otros mueren de hambre. La señora Graça Machel lo explicó muy bien en el encuentro de la FAO que tuvo lugar en Roma en junio de 2019, cuando declaró que «el mundo está lejos del objetivo mundial de erradicar el hambre y la malnutrición antes de 2030 por la falta de responsabilidad de los que deciden a nivel mundial». Graça Machel es una mujer combativa, sencilla a pesar de haber sido primera dama en dos países, su Mozambique natal y Sudáfrica[1]. Y aunque sigue siendo modesta, los ecos de su voz llegan lejos cuando aboga por la educación de las mujeres en las zonas rurales.

La joven Arielle Kitio Tsamo sigue los pasos de *mama* Graça Machel. Comprendió desde muy temprano que la educación es la llave del éxito en el mundo actual, hoy digitalmente revolucionado. Orientar su lucha hacia la educación de calidad de todos los menores, sin distinción de sexo, a través de la informática y las ciencias, es un indicativo de que el África

[1] Graça Machel estuvo casada con los presidentes de Mozambique, Samora Machel, y Sudáfrica, Nelson Mandela.

de mañana será mejor porque su juventud no adopta la cultura del individualismo. El caso de Malebogo Bakwena lo prueba también al recordar su infancia, cuando algunos niños faltaban a la escuela por falta de medios económicos, a pesar de que allí les proporcionaban una comida nutritiva todos los días. Esas miserias de las que fue testigo no endurecieron su corazón, sino que le motivaron para luchar contra el desempleo de los jóvenes, la pobreza y las desigualdades entre sexos.

Estas mujeres, que son el orgullo de África, abogan para que más mujeres entren en política o acepten trabajos que algunos todavía creen que pertenecen a los hombres. Citemos el caso de Ndeye Cissé, que toca el djembé, un instrumento asociado a la fuerza masculina. En su testimonio, anima a las jóvenes y les aconseja a creer en sí mismas y a ser osadas. La Orquesta Jigeen Ñi, de la que Cissé es miembro, muestra la riqueza cultural de África y la capacidad de las mujeres africanas para implicarse de forma abnegada en cualquier profesión.

Esas mujeres, que son el orgullo de África, asumieron el liderazgo para demostrar que su papel no se limita únicamente a tener hijos, cocinar para su familia, hacer todo lo que puedan realizar sus manos, sino que todas las puertas están abiertas para ellas.

El ejemplo típico es el de la creadora de *Mama K's Team 4*, Malenga Mulendema, artista y diseñadora de dibujos animados. El mundo de la creación cinematográfica es a menudo percibido como masculino, por lo que lanzarse como mujer africana exige un coraje excepcional. Su trabajo consiste en desarrollar las historias del continente que ahora se siguen en las pantallas de todo el mundo a través de Netflix. Hablando de ella me acuerdo del relato *El peligro de la historia única*, de Chimamanda Ngozi Adichie, en el que desvela que su percepción de las cosas cambió cuando leyó libros escritos por africanos como ella. Pensando en que antes ella solo leía libros escritos por occidentales con personajes con los que no se podía identificar, la escritora comprendió que una niña con la piel color chocolate como ella también podía existir en los libros.

Hoy está claro como el agua que la contribución de la mujer africana al desarrollo social y económico del continente es indispensable para que este se realice plenamente. La madre de la ingeniera y modelo Malika Louback entendió perfectamente esta necesidad y, sin dudarlo, inspiró a su hija para que trabajara con el fin de mejorar la situación de la mujer en su país natal, Yibuti. Koyo Kouoh, conservadora y productora cultural, orgullosa de la belleza de la cultura africana, eligió regresar al continente y trabajar para que los africanos pudieran admirar sus propias obras.

«La gente encuentra algo en las palabras». Esta frase llena de sabiduría es de Koleka Putuma, poetisa sudafricana, que comparte esta pasión con Stella Nyanzi. Ambas tienen un punto en común: algunos de sus poemas son considerados como provocadores. Nyanzi explica que decidió utilizar la vulgaridad porque llega un momento en el que la conversación educada ya no es suficiente. Respecto a Putuma, dice: «Nunca consentimos,/sin embargo, se nos pide que cenemos con los opresores/ y les sirvamos el perdón. Cómo, cuando los únicos ingredientes que tengo son dolor y rabia». Estas palabras me llegaron profundamente y me recordaron a las del joven Kizito Mihigo, un cantante cristiano muy famoso en Ruanda. Era un superviviente del genocidio de 1994. Tuve el privilegio de conocerlo cuando estuvimos juntos en prisión por motivos políticos en 2016. Le pregunté cómo predicaba el mensaje del perdón, cómo perdonaba a quienes masacraron a cientos de miembros de su familia, y me dijo: «Para mí, el mensaje del perdón y la reconciliación es un mensaje que sobrepasa a los hombres. El mensaje viene de Dios. Para mí, el perdón es una gracia de Dios, que puede ser acorde a los hombres de buena voluntad». Me habría gustado que Kizito conociera a Koleka Putuma para que compartieran ese dolor y también ese mensaje de perdón. Por desgracia, se fue muy pronto. Fue detenido de nuevo el 12 de febrero de 2020, y cinco días después la Policía anunció su muerte en circunstancias sospechosas.

Regresemos a Chimamanda Ngozi Adichie, que también comparte su escritura con Koleka y Stella. Su preocupación es, igual que para otras mujeres africanas que han asumido el liderazgo de inspirar a los jóvenes, recordarles que tienen una opinión que expresar en cada capítulo de su vida y que nadie debe dictarles cómo pensar. Su idea se completa con la de Malika Loubach, quien ha dicho: «Seis años de estudio me han enseñado a desarrollar mi capacidad de análisis y observación, a estudiar el proceso de las cosas en los detalles más pequeños».

Estas mujeres, que representan el orgullo de África, nos hacen soñar y trabajar por un futuro radiante del continente en toda su diversidad y complementariedad.

VICTOIRE INGABIRE[2]

[2] Economista y política ruandesa. Presidenta de la coalición de partidos de la oposición Fuerzas Democráticas Unificadas. Vive en arresto domiciliario en Kigali desde 2018, tras pasar seis de los 15 años de prisión a los que fue condenada por el delito de ideología del genocidio.

Introducción

Mujeres visibles

«AFRICANAS» nació como sección de la revista MUNDO NEGRO en enero de 2020 porque, al margen de la importancia que le damos en la redacción a la labor profesional ejercida por las mujeres y su presencia transversal en la publicación, decidimos que era importante dedicar un lugar específico para destacar los referentes en los que deberían fijarse no solo las niñas y los niños africanos, sino también los de cualquier otra parte del mundo.

Nunca fue difícil dar con el nombre de las protagonistas de la sección porque en cuanto activamos nuestra antena empezaron a surgir muchas mujeres merecedoras de que las investigásemos, leyéramos las entrevistas que habían concedido o las escucháramos en pódcast. Decidimos que únicamente en el mes de diciembre nos permitiríamos la licencia de incluir el nombre de una mujer africana conocida, lo que ha hecho que en estos cinco años hayamos destacado a la política Graça Machel, las escritoras Chimamanda Ngochi Adichie y NoViolet Bulawayo, y las cantantes Angélique Kidjo y Stella Chiweshe.

La implicación de las mujeres a lo largo de la historia del continente en los campos político, social, cultural, religioso, científico, económico y ecológico ha marcado el desarrollo de los países en los que han ejercido su acción. De la misma manera que en el pasado jugaron un papel principal en la resistencia contra la dominación colonial y la esclavitud, ahora lo hacen en el ámbito político como activistas, lideresas y participando en la toma de decisiones.

Ellas han ocupado la calle y poco a poco las altas instituciones, en las que la paridad es aún una utopía, pero donde cada vez es más evidente que la voz femenina es tan relevante como la masculina.

Es una afirmación clásica la de que las africanas son el motor de la economía informal (ocupan el 66 % de los puestos recibiendo 70 centavos de dólar por cada dólar que ganan los hombres), son ese 51 % de la población del continente –el 11% de la mundial– que produce el 80 % de los alimentos y sustenta a más del 40 % de las familias.

Los datos de la ONU y de organizaciones de desarrollo que trabajan en el continente coinciden en los elevados índices de vulnerabilidad y exclusión de las mujeres, a la vez que destacan su fortaleza y determinación para mejorar sus condiciones de vida. Debemos partir de que 37 de los 44 países con mayores índices de pobreza del mundo están en el continente africano, lo que hace que la lucha de las mujeres sea mucho más ardua y compleja, y que sus objetivos sean comunes, con independencia del país donde se encuentren. La igualdad de género, la visibilidad social, la independencia económica y financiera, el acceso a la educación y al mercado laboral, así como el desarrollo de su personalidad, son las ambiciones de las mujeres que habitan el continente africano.

Para avanzar en la lucha por la igualdad, la autosuficiencia económica es clave. Se enfrentan en muchas ocasiones a normas sociales discriminatorias que las condenan a labores de cuidado y funciones reproductivas. Estas últimas forman parte de su vida de forma natural, pero no tienen por qué ser las únicas razones de su existencia. A pesar de que el 80 % de las mujeres en el África subsahariana trabajan en el sector agrícola, solo en el 15,4 % de los casos son titulares de las tierras que cultivan (solo en Cabo Verde son propietarias de más del 50 % y en Botsuana, Comoras, Malaui y Lesoto están por encima del 30 %).

Mientras la desigualdad entre hombres y mujeres permanezca será difícil acabar con la pobreza, como demuestran muchas de las mujeres a las que rendimos homenaje en este libro. La educación es uno de los pilares para abordar esta brecha, siendo fundamental la alfabetización pero también la incorporación reconocida y valorada de las mujeres al mercado laboral, y su representación política (Ruanda tiene el mayor número de parlamentarias del mundo, con el 63,8 %, aunque es un régimen cuestionado por su autoritarismo; y en Liberia, Ellen Johnson-Sirleaf se convirtió en la primera mujer jefe de Estado en 2006).

En las luchas de las mujeres que hemos seleccionado se apunta a un panorama complejo, desafiante y a menudo devastador. Debe ponernos en alerta que 125 millones de niñas africanas se han casado antes de cumplir los 18 años (con el crecimiento actual, en 2050 serán 310 millones), que solo el 35 % de las niñas de África subsahariana completa su educación secundaria y 49 millones de niñas no van a la escuela primaria ni secundaria. O que el 80 % de las mujeres de entre 15 y 49 años sufren la mutilación genital femenina en Egipto, Sudán, Sudán del Sur, Eritrea, Somalia y Malí. El 70 % de los adolescentes contagiados del VIH en África son mujeres, y 830 de ellas mueren a diario por causas prevenibles relacionadas con el embarazo y el parto. El hecho de que 51 países de África han firmado la Convención para la Eliminación de todas las formas de Discriminación contra las Mujeres (CEDAW, por sus siglas en inglés) no ha evitado que las mujeres africanas sufran múltiples tipos de violencia.

«Las mujeres están relegadas a la economía informal, a los lugares más bajos. Eso no es África, eso es el patriarcado, es solo temor, es dominación. No habrá liberación para África sin la liberación de las mujeres africanas», aseguró Hafasat Abiola-Costello, presidenta de Women in Africa en Raisa, un encuentro organizado por la AECID. A lo que Cécile Bibiane Ndebet, activista medioambiental y defensora de los derechos de las mujeres a la posesión de la tierra añadió en una entrevista en septiembre de 2003: «Somos el 50% de la población y dominamos la gestión de las familias, lideramos la producción de alimentos y nos encargamos de la educación de los niños. Si se quiere conseguir un desarrollo sostenible en África, hay que poner a las mujeres africanas en el centro. Si ignoran a las mujeres africanas, olvídense del desarrollo sostenible».

Reinas como Anne Zingha, en Angola, que se negó a someterse a los conquistadores; Abla, la princesa Pokou, que lideraba las batallas con su hijo a la espalda, al que acabó sacrificando para salvar a su pueblo; Tassinn Jangebe, la reina de Dahomey, que caminaba desnuda en procesión para denunciar las tensiones que amenazaban a la sociedad; Ndete Yalla, reina de Walo, que se enfrentó a los guerreros esclavistas que vivían del comercio transahariano y a los colonialistas franceses; las dinastías de reinas de Madagascar, las Ranavalonas, que también lucharon contra los franceses; la egipcia Nefertiti, por su capacidad de influir en el Nuevo Imperio; la maliense Kassa; la costamarfileña Malan Alua, a la que nadie se atrevía a negarle nada; Kahina, reina de los Aurés, que encabezó las luchas de los bereberes contra los conquistadores árabes del Magreb; o guerreras como las amazonas de Dahomey, que ocupaban puestos tanto en primera línea de combate como de enfermeras o en la recolección de suministros. Todas son referentes ancestrales que nos recuerdan que las mujeres siempre han jugado un papel fundamental en la vida comunitaria, superando las vicisitudes de que se les atribuyera sin razón el apelativo de «sexo débil».

Al volver al siglo XXI, teniendo en cuenta desafíos actuales como la conciliación familiar entre la vida laboral y la personal, la precariedad de los sueldos, el abandono escolar por tener que ocuparse de tareas domésticas, los matrimonios forzados o la maternidad impuesta, la violencia de género, el acceso limitado a créditos o ayudas económicas para crear negocios propios (perciben solo el 10 % de los créditos desembolsados), además de ser utilizadas como arma de guerra (como esclavas sexuales) en conflictos armados, resulta todavía más contundente que las AFRICANAS sigan luchando para mejorar su estatus en la sociedad.

Lejos de haber alcanzado el lugar que merecen, un reciente informe de la Fundación CODESPA ofrecía unas pinceladas que explican con claridad el origen de la desventaja que padecen en relación al hombre africano: en Níger una niña va 16 meses menos a la escuela que su hermano; en RDC hay 1.100 violaciones al mes; en República Centroafricana cerca del 70 % de las niñas se casan antes de cumplir los 18 años; en Costa de Marfil el 50 % de las mujeres no ha tenido la oportunidad de aprender a leer ni escribir; Somalia padece la tasa de prevalencia más elevada del mundo de mutilación genital femenina (el 98 %); Sierra Leona tiene una ley que prohíbe a las chicas embarazadas ir al colegio para no «contagiar» a sus compañeras; en Guinea hay una ley que dice que las mujeres casadas necesitan el permiso de sus esposos para firmar un contrato de trabajo; en Mauritania no pueden buscar empleo sin el permiso del marido, y en Chad el solo el 7 % de las mujeres tiene una cuenta bancaria (frente al 40 % de los hombres).

Durante estos cinco años de AFRICANAS, y a pesar de la brevedad de los textos con los que acabamos describiéndolas, hemos podido acercarnos a una realidad que habla del presente y, sobre todo, del futuro del continente. La fuerza y capacidad de superarse, así como la determinación e ingenio, hacían que fuera difícil dejar de investigarlas para ponernos a escribir sus perfiles. Auténticos referentes, protagonistas de un cambio real y palpable, las AFRICANAS que figuran en las siguientes páginas destruyen prejuicios y estereotipos. Ellas tienen la palabra.

Por todo eso, hemos querido cerrar este elenco con Roxane, una adolescente de 14 años que vive en uno los lugares más complicados del continente, el este de República Democrática de Congo. La ilusión por romper todos los techos de cristal que se interpongan en su camino simboliza lo que sus predecesoras en estas páginas ya han alcanzado con esfuerzo y tesón: la obsesión por crecer en plenitud y en igualdad en un continente que siempre será mejor cuando ellas aporten todo lo que llevan dentro.

1

Angélique Kidjo

Cantante y compositora, beninesa

Ha cumplido su sueño de niña: ser cantante y viajar por el mundo. Su abuela le dio un consejo que marcó su determinación: «No puedes ser querida por todos. No permitas a nadie definir quién eres y quién quieres ser».

Angélique Kpasseloko Hinto Hounsinou Kandjo Manta Zogbin Kidjo nació en Ouidah (Benín) en 1960. A los seis años recibió su primera ovación en el teatro que dirigía su madre y a los 20 era una cantante profesional cuyo primer álbum tituló *Pretty*. Fue el comienzo de una meteórica carrera que la ha convertido en la diva y decana del pop africano.

A lo largo de su trayectoria ha pasado del *jazz* al góspel, hiphop, *zouk,* samba, rumba congoleña, salsa, *funk,* combinando los cinco idiomas que habla con fluidez junto a un lenguaje inventado por la artista en el que *batonga* –término que dio nombre a una de sus canciones más conocidas, en 1991, que significa 'quítate de encima, puedo ser quien quiera'– fue una de sus palabras más populares.

Cuando su familia decidió huir del dictador Mathieu Kérékou por la noche y sin salvoconducto, fue la incipiente popularidad de Kidjo la que les permitió abandonar el país al coincidir con un oficial que era fan de la artista. Llegaron a Francia donde, además de seguir formándose, conoció al productor Jean Hébrail, con el que se casaría poco después.

«El que no conoce el fracaso, no conoce el éxito», declaró al *Finantial Times* al recordar que a pesar de contar con una familia en la que se creía en la igualdad entre el hombre y la mujer –eran diez hermanos, tres de ellos mujeres, y todos recibieron educación superior–, se enfrentó al acoso escolar durante su adolescencia. Por eso ha dedicado su vida a romper estereotipos y prejuicios establecidos al trabajar con artistas de diferentes edades y géneros. «La música es un idioma, es algo poderoso y transformador que compartimos y en el que añadimos nuestra creación. Nunca dejé que los límites me impidieran crear y llevar la música más allá», confesó a *The Guardian*. Imposible citar a todos los artistas de diferentes generaciones con los que ha colaborado. Kidjo es una artista generosa, arrolladora en lo que experimenta y que, con una trayectoria sólida, sigue siendo capaz de disfrutar.

Ganadora de cinco premios Grammy, ha hecho homenajes a la música tradicional africana, en especial a su adorada Miriam Makeba, pero también a Talking Heads o Celia Cruz, entre otros.

Reside en Nueva York (EE. UU.) y tiene la mirada y la conciencia puestas en el mundo que habitamos. Fiel a las preocupaciones globales sobre las que lleva décadas cantando (sinhogarismo, medioambiente, libertad o integración), en 2021 lanzó *Mother Nature*. Además, la beninesa es, desde 2002, embajadora de buena voluntad de UNICEF y ha creado la Fundación Batonga, que promueve la educación de los niños y protege a las mujeres. «Creo sinceramente en el empoderamiento que la educación da a las niñas y que la fuerza de la solidaridad femenina cambiará la cara de

África», explicó en la presentación de su fundación. Kidjo opina y aconseja gracias a lo que le inculcaron: «La lucha física no te llevará a ninguna parte. Usa tu cerebro, es tu principal arma», le dijo su padre cuando se disponía a pelearse con los chicos de su clase para defender su orgullo.

2

Hna. Angélique Namaika

Religiosa, congoleña

Hugh Kinsella Cunningham fotografió a la Hna. Angelique Namaika el 17 de septiembre de 2023. Aparece de pie delante de una escultura al aire libre que homenajea en Dungu (RDC) a las víctimas del Ejército de Resistencia del Señor (LRA, por sus siglas en inglés), que lidera desde sus orígenes, en 1987, Joseph Kony, sobre el que recaen cargos de crímenes contra la humanidad por parte del TPI. En una de las caras del memorial se ve a un miliciano en actitud de golpear con un palo a un hombre atado a un árbol. A la derecha de ambos, una mujer, desde la quietud de la piedra, representa una eterna huida. Los milicianos agrediendo sin parar. Las víctimas siempre amarradas, en situación de indefensión. Las mujeres, las eternas refugiadas.

Nacida el 11 de septiembre de 1967 en Kembisa –una localidad situada en el sur de la provincia congoleña de Oriental– en el seno de una familia católica que se ganaba la vida cultivando café, en la que creció junto a cinco hermanos, la Hna. Namaika recuerda que, con apenas siete años, se arremangó en la cocina y preparó a su padre una comida a base de hojas de yuca. Al terminar, su progenitor le dio la bendición. En ese pequeño gesto, quizás, se encuentra el germen de la actitud de servicio y gratitud hacia los demás que la religiosa ha convertido en su lema vital.

Su imagen delante del conjunto escultórico que recuerda el dolor permanente de la violencia sirve de marco para todo su trabajo. Ella misma subraya dos pasajes del Nuevo Testamento que así lo confirman. El primero, de Mateo: «Todo lo que hicisteis a alguno de estos pequeños, a mí me lo hicisteis». El segundo, tomado de los Hechos de los Apóstoles: «Jesús pasó por la vida haciendo el bien».

Antes de que las atrocidades del LRA quedaran incrustadas en su conciencia, la que fijó su atención fue otra religiosa, la Hna. Tone, de nacionalidad alemana: «Siempre estaba sola y no tenía tiempo para descansar o comer. Decidí hacer todo lo posible para ser como ella». Corría el año 1977 en la localidad de Amadi. Pasado un tiempo, volvió a coincidir con la misionera europea, se unió al Grupo Anuarite y en 1992 realizó la profesión con las Hermanas Agustinas.

Enviada en 2003 por su congregación a Dungu –«Allí me llaman "madre", y me gusta que me llamen así»– para ocuparse de las postulantes, en 2009 tuvo que abandonar la comunidad junto a un grupo numeroso de personas y adentrarse en la selva tras un ataque de los milicianos de Kony, que asesinaron a cerca de 900 personas. Estuvieron cuatro meses fuera de allí. Años después contaba a ACNUR que «cuando veo a estas mujeres, recuerdo que entonces yo no tuve a nadie que me ayudara». La propia agencia para los refugiados de la ONU le concedió el Premio Nansen por su trabajo con las mujeres víctimas del LRA, que se ha traducido en iniciativas como el Centro para la Reintegración y Desarrollo (fundado 2008) o la Clínica Pediátrica San Daniel Comboni (en 2014), por los que han pasado miles de mujeres y niños desplazados a causa de la violencia. En una de sus apariciones en medios, simplificó su compromiso con las víctimas: «Si todos nos damos a los demás y trabajamos por la paz, estoy convencida de que esta llegará». Y añadió: «Yo no soy importante, solo soy un instrumento de Dios para servir a los demás».

3

Antoinette Kankindi

Filósofa, congoleña

Isaías es el padre de Antoinette Kankindi. La filósofa congoleña aprendió de él y de la comunidad en la que nació el valor de la gratitud. Por eso suele emplear la palabra gracias cuando arranca sus intervenciones. «Él decía que las palabras más pobres son las que empleamos para decir las cosas más importantes», explica.

Nacida en RDC pero unida vital y profesionalmente a Kenia, donde imparte clases de Ética y Filosofía Política en la Universidad de

Strathmore, en Nairobi, sus primeros años de vida no distaron mucho de los de tantos niños y niñas en su país natal o en muchas otras naciones africanas, ya que cada día tenía que recorrer muchos kilómetros para ir a la escuela. Esa fue la principal dificultad de la joven alumna para ir superando cursos. Faltaban años para que gente como la periodista Caddy Adzuba denunciara violaciones sistemáticas y que los cuerpos de mujeres y niñas –muchas de ellas camino de la escuela– se habían convertido en un campo de batalla en el este de Congo: «Esas cosas no son parte de la cultura congoleña. Es algo que se introdujo con las guerras de finales de los años 90, con la gente que participó en el genocidio de Ruanda», explica la filósofa.

Le aterra la violencia sexual contra las mujeres en su país, pero subraya también que el énfasis que se pone en la denuncia de este crimen hace que otros dolores que padecen las congoleñas se mantengan ocultos a la opinión pública. Y ahí se refiere al excesivo trabajo que asumen las mujeres, a sus escasas posibilidades de avanzar académicamente, a las trabas para obtener una independencia económica... Sobre la responsabilidad de estos silencios, apunta a las empresas periodísticas: «Me duele que todo en África se estereotipe todo el tiempo. Esto sucede en los medios, pero ya lo hicieron antes los antropólogos». Uno de esos tópico anclados en el imaginario colectivo del continente es la expansión, sin freno, de la corrupción. Sobre esta afirmación, y en busca de explicaciones que huyan de la superficialidad, la filósofa desglosa dos ideas. La primera incide en que «es un problema de falta de ética personal, y no queremos enfrentarnos a la responsabilidad personal»; mientras que la segunda mira hacia el dedo acusador que empuña, inflexible, Occidente: «No tendríais solamente que acusarnos, sino que tendríais que averiguar hasta qué punto contribuyen los modelos que importamos de Occidente a fomentar la corrupción en África», explica Kankindi, que en 2013 cautivó al Fondo de Acción Urgente-África con una conferencia en Malaui sobre «Liderazgo de las mujeres en África».

Entre sus obsesiones intelectuales se encuentran la legitimidad política o la relación entre la familia y la polis. «Esta –dijo en una entrevista a MUNDO NEGRO cuando recibió el Premio Harambee 2017– es una cuestión que se puede hablar desde el contexto africano, porque no hay patria sin familia, y el mundo global no es una familia porque no tiene familias y no interesan las familias». Es más, añadió, «hay una parte de la globalización que quiere destruir la familia, por consiguiente no deja espacio ni a patria ni a soberanía».

Preocupada por la globalización, la gobernanza o el futuro de la juventud, reconoce que se nutre intelectualmente de clásicos occidentales como Platón «porque escribe como hablan los viejos de mi tierra».

4

Arielle Kitio Tsamo

Doctora en ingeniería de software, camerunesa

En un país, Camerún, en el que apenas un 33% de la población usa Internet, donde la tasa de alfabetización de jóvenes alcanza el 85% y en el que solo 18 de cada cien alumnos de Secundaria terminan este ciclo formativo, Arielle Kitio Tsamo se empeña en demostrar que el destino no coincide con el que pretenden escribir los agoreros.

Nacida en enero de 1992 en la capital camerunesa, comenzó sus estudios en la escuela pública, decantándose pronto por la rama científica, por la que completó el Bachillerato. Licenciada en Ciencias de la Computación por la Universidad de Yaundé, se doctoró en ingeniería de *software* con un trabajo sobre la creación de sistemas y plataformas de vigilancia para el control de epidemias.

Si los reconocimientos sirven para avalar su trayectoria, en el haber de la camerunesa se encuentran, entre otros, el Premio Margaret a la Africana Digital del Año, galardón que obtuvo en 2019, o su nombramiento, entre 2017 y 2019, como Embajadora del Foro Next Einstein, cuyo objetivo es impulsar a África en la escena científica mundial. En este sentido, destaca su obsesión por el retorno del conocimiento africano que está repartido por todo el mundo. «Hay que preguntarse: "Si no vuelvo yo, ¿quién lo hará?". En algún momento, tenemos que asumir nuestras responsabilidades y regresar al país», ha manifestado al portal *Afriscitech*.

Entre los proyectos que ha desarrollado se encuentra WIT (acrónimo de *Women Information Technology,* 'mujeres informáticas' en inglés), una ONG que promueve que las jóvenes camerunesas accedan a estudios científicos y tecnológicos. Sin embargo, es posible que su mejor carta de presentación sea CAYS-TI, una incubadora tecnológica para estudiantes, fundada en 2017, que también incide en esta vía. A través de esta iniciativa, por la que han pasado ya cerca de 7.000 chicas y chicos de seis a 15 años, pretende, entre otros aspectos, reducir la brecha de género en ciencia y tecnología. En declaraciones a *Le Point,* ha señalado que «todos los niños, independientemente de su género, idioma, religión, ubicación geográfica o nivel social, deben tener las mismas oportunidades para acceder a una educación de calidad en esta era impulsada por la revolución digital».

Uno de los proyectos en los que se trabaja dentro de CAYSTI es el ABC Code, un programa educativo que, desde 2018, introduce a los jóvenes en los rudimentos de la programación informática. Esta iniciativa, que ha sido considerada por la UNESCO como una de las diez mejores innovaciones tecnológicas en el campo de la educación, le ha servido también para ganarse el apelativo de la Reina del Código.

Además de promover la igualdad de acceso entre chicas y chicos al conocimiento informático y científico, Arielle Kitio intenta integrar las lenguas locales en ese entorno. A partir de ese anhelo se entiende el trabajo que realiza para enseñar a los alumnos a crear aplicaciones en hausa o wolof, o el concurso de codificación informática en lenguas locales que ha convocado en su plataforma.

Sin embargo, el objetivo último de Kitio Tsamo «es saber qué le gusta y qué no le gusta a cada niño», y para ello, como ha manifestado en alguna ocasión, «en CAYSTI nos enfocamos en el usuario más que en la tecnología».

5

Bertha Tobias

Emprendedora y activista, namibia

Está convencida de que las circunstancias de muchos países africanos, el «subdesarrollo» al que los han sometido durante décadas, ha generado una creatividad y una capacidad de reacción únicas entre sus gentes. Confía en que los jóvenes no se decepcionen y sean capaces de liderar los cambios económicos que necesita África para tomar las riendas de unos países que también les pertenecen.

Con un tono tranquilo y moderado pero contundente, Bertha Tobias es capaz de hacer críticas constructivas a la vez que se congratula por los avances logrados. Transmite tanta confianza en sí misma, en la capacidad de los jóvenes para resolver cualquier vicisitud, que los límites, dificultades temporales o impedimentos pasan a un segundo plano. «Necesité salir de Namibia para convertirme en la persona que soy. Fui al instituto en China [United World College, de Chagshu], y allí me di cuenta del papel que juegan los jóvenes para liderar la evolución de un país, especialmente en lo relacionado con innovación y tecnología. Fue una experiencia dura, pero conocí a personas dedicadas a resolver problemas de sus naciones», explicó a mediados de 2023 en una entrevista al canal interno del Claremont McKenna College (Los Ángeles, EE. UU.), en el que fue becada para completar sus estudios de relaciones internacionales y liderazgo.

La espontaneidad con la que destaca el emprendimiento en Namibia, su país natal, situándolo al mismo nivel que cualquier otro, sin dejar de mencionar que hay parámetros –el acceso a electricidad, a móviles de última generación o a la existencia de carreteras– que pueden convertirse en trabas importantes en el desarrollo empresarial de una idea, hace que Tobias haya destacado en sus intervenciones públicas. Desde 2016 es embajadora del

#BeFree, un movimiento creado por Monica Geingos –emprendedora y primera dama de Namibia desde 2015– bajo el paraguas de la Fundación One Economy, para que los jóvenes namibios se apropien del espacio que les corresponde en la toma de decisiones, levanten la voz y cuenten con oportunidades para desarrollar sus ideas.

La elocuencia y capacidad para debatir de Tobias comenzó en la escuela de su comunidad, en la que se convirtió en la presidenta del Gobierno de Estudiantes, un órgano creado para escuchar las voces de los alumnos. Años después, asesoró en programas de desarrollo de liderazgo de mujeres al Fondo de Población de la ONU y fue en 2020 una de las referentes del movimiento #ShutItAlldown [surgido después del asesinato de una joven de 22 años en Namibia que provocó protestas generalizadas que exigían el fin de la violencia contra las mujeres en el país].

Calificada como «imparable», en el verano de 2023 logró financiación para realizar un programa de televisión sobre emprendimiento que fue emitido en el principal canal de televisión de su país. «En Namibia somos 2,5 millones de habitantes y es fácil conocer a los peces gordos, su trayectoria y el impacto que han tenido en la sociedad. Junté mis tres pasiones, el emprendimiento, la televisión y los medios con un objetivo: mostrar la diversidad de los campos en los que trabajan los empresarios tanto en el mercado formal como el informal», explicó después de obtener más fondos para grabar nuevos capítulos del programa *Spotlight* (foco).

6

Catherine Ngila

Química, keniana

La keniana Catherine Ngila (Kitui, 1961) es una de las científicas más prestigiosas del continente africano. En el año 2016 fue nombrada mejor científica de Sudáfrica, en 2021 recibió el Premio L'Oréal/UNESCO a la Mujer en la Ciencia y es, además, directora ejecutiva interina de la Academia Africana de Ciencias. Puede también que una de las más coherentes. Porque poco han cambiado a lo largo de su vida las inquietudes de la niña que nació hace algo más de seis décadas en un condado situado a 130 kilómetros de Nairobi.

Miembro de una familia compuesta por 27 hermanos y hermanas, fue la primera de la extensa prole en ir a la escuela secundaria y a la universidad, a pesar de ser hija de la cuarta esposa de su padre. Huérfana de madre a los seis años, «me di cuenta desde muy pequeña de que tenía que estudiar para poder cuidarme, ya que no iba a tener a mi madre para hacerlo». Y su padre, un antiguo combatiente en la II Guerra Mundial que también trabajó como traductor para los colonos ingleses, se lo permitió. «Era su forma de decirme que yo era importante y que quería que tuviera las mismas oportunidades que un niño», reconocía Ngila en *Le Monde.* Su presencia en las aulas la convirtió en una excepción en aquel entorno en el que las niñas estaban predestinadas a un matrimonio precoz, a la rutina del trabajo en casa y al cuidado de la familia. «Esperamos a que se casen y tengan hijos, pero yo les digo: "No empiecen una relación hasta que no hayan obtenido al menos un diploma"», clama ahora la investigadora keniana.

En el tiempo de su infancia y adolescencia, Catherine Ngila compaginaba largas idas y venidas a la escuela con el acarreo diario de agua desde el río hasta el hogar familiar. Lo que sacaban del cauce era un líquido turbio y rojizo que debían filtrar con un trozo de tela y en el que debían diluir bicarbonato de calcio para intentar eliminar las impurezas. Aquel tratamiento rudimentario del agua no aquietaba las dudas de Ngila, «y no podía evitar preguntarme si aquello era suficiente para que el agua estuviera limpia». Su familia tenía las mismas dificultades que todavía hoy padecen millones de africanos para acceder al suministro de agua potable, que en la actualidad alcanza al 70 % de la población continental.

En lo profesional, Ngila se licenció en la Universidad Kenyatta de Nairobi, se doctoró en Química Analítica en la Universidad de Nueva Gales del Sur (Australia) y ha trabajado como profesora en Botsuana y en varias universidades sudafricanas, donde se convirtió en una de las primeras docentes negras del claustro. El equipo que dirige en la Universidad de Johannesburgo está trabajando en el uso de la nanotecnología para detectar y eliminar sustancias tóxicas y restos de metales del agua. «Mi sueño –dice– es producir un nanofiltro de agua viable comercialmente al que puedan acceder las familias africanas del ámbito rural».

Su otro gran reto es feminizar el acceso a la educación superior. Cuando se licenció fue consciente de la tendencia a pensar que las niñas no podían dedicarse a la ciencia. Esta realidad la animó a pedir a los Gobiernos y a la propia UNESCO que impulsaran campañas dedicadas a alentar a las niñas a optar por estudios científicos.

Y todo ello, su formación y su compromiso con la educación de las niñas, nació en aquella pequeña localidad del centro de Kenia donde vio la luz poco antes de la independencia de su país.

7

Charlette Desire N'Guessan

Ingeniera informática y empresaria, marfileña

Ser la primera en hacer o conseguir cualquier cosa conlleva una gran responsabilidad, pero Charlette Desire N'Guessan ha aprovechado ese protagonismo que solo obtienen las pioneras para reivindicar la capacidad creativa en su lugar de origen. «Siempre me animaron a que siguiera mi camino y a soñar con grandes cosas. Sin duda, eso ocurría en mi casa porque éramos cinco chicas, y mi padre no veía por qué íbamos a tener proyectos de carrera menos interesantes que los chicos», explica N'Guessan desde la gratitud a un progenitor que puso el mismo primer nombre, Charlette, a cada una de sus hijas, diferenciándolas únicamente con el segundo, y con lo que cada una de ellas quisiera hacer en la vida.

La pasión por las ciencias de Desire es heredada, porque su padre es profesor de matemáticas. Primero estudió Electrónica e Informática, y tras hacer prácticas en empresas de Plateau, el barrio de negocios de Abiyán (Costa de Marfil), fue seleccionada para continuar formándose en la incubadora de ideas MEST, de Accra (Ghana), una de las cunas del emprendimiento tecnológico en el continente africano, convirtiéndose en una de las pocas alumnas francófonas.

En MEST conoció a los socios con los que fundó, en 2018, BACE Group, un proveedor de servicios digitales a instituciones financieras que ha logrado desarrollar un programa de reconocimiento facial, API, que permite identificar al cliente con un mínimo margen de error. «Cuando alguien va a entregar telemáticamente un documento, se le pide que encienda la cámara para asegurarnos de que la persona que está frente al ordenador no es un robot. Luego hacemos una captura de la cara de la persona en tiempo real y comprobamos que coincide con la del documento», explicó a cientos de medios tras convertirse, en 2020, en la primera mujer que ganó el Premio África a la Innovación de la Real Academia de Ingeniería. El prestigioso galardón fue instituido en 2014 por la Real Academia de Ingenieros de Reino Unido y está dotado con 28.000 euros.

«Nos dimos cuenta de que había un gran problema con la ciberseguridad en los servicios *online* y en los negocios. Lo que proponemos es la herramienta KYC ('conoce a tu cliente', por sus siglas en inglés) para evitar el fraude en remoto», comenta tras reconocer que, aunque esta tecnología no es nueva, «en África siempre ha dado un error diez veces superior que en otros continentes», por lo que decidieron innovar en la creación de un *software* con ejemplos de rostros subsaharianos que funciona con gran precisión.

«Me haría feliz que la gente se inspirase en mi historia», declaró tras recordar que para incrementar la ciberseguridad en África occidental se estima que las instituciones financieras destinan hasta 400 millones de dólares al año.

N'Guessan dirige un equipo técnico formado por hombres en un sector en el que, según un informe de Disrupt Africa, solo el 22% de las empresas africanas han sido fundadas por, al menos, una mujer. Además, apenas el 9 % de las empresas emergentes del continente han sido impulsadas por mujeres.

BACE Group trabaja en plataformas para acceder a exámenes *online*, en facilitar el acceso individual en los transportes o en el control de los votantes en procesos electorales. «Necesitamos más soluciones "hechas en África" en lugar de productos que vienen de fuera», concluye.

8

Chimamanda Ngozi Adichie

Escritora y activista, nigeriana

Hablar claro y decir lo que piensa es lo que ha convertido a Chimamanda Ngozi Adichie (Nigeria, 1977) en un icono. «No respeta a los profesores», era el comentario que solían recibir sus padres desde el colegio en el que la niña Chimamanda cuestionaba lo que no comprendía y se negaba a acatar lo establecido. «Soy como soy gracias al amor de mis padres, mi familia es la razón de que sea lo que soy. Ellos me dieron el espacio para que fuera un poco diferente», confesaba en una entrevista en agosto de 2021 a *New African.*

La quinta de seis hermanos –a los que sus padres trataron por igual, sin importar su género– se ha convertido en escritora, novelista, dramaturga y feminista. Vive a caballo entre EE. UU. –donde llegó con 19 años con una beca para estudiar Comunicación y Ciencias Políticas en la Universidad de Drexel (Filadelfia), que luego completó con la formación en escritura creativa en Baltimore y en Estudios Africanos en Yale–, y Nigeria, donde Abba, su aldea, ha seguido siendo su gran referencia hasta 2020 y 2021, en los que fallecieron su padre y su madre. «Las capas de pérdidas hacen que la vida parezca fina como el papel», escribió en el ensayo *Sobre el duelo,* publicado en abril de 2021.

La raza, la identidad, la relación con los hombres, el poder de las mujeres en el siglo XXI y la defensa de los derechos humanos marcan su obra. Esta contadora de historias, como le gusta autodefinirse, ha sido reconocida desde sus primeras obras con premios como el Commonwealth Writters y el Wright Legacy Prize por su primer libro, *La flor púrpura,* (2003), el Premio del Círculo de Críticos Nacionales del Libro de Ficción por *Americanah* (2013) –que se convirtió en un superventas–, y el Premio Orange de Ficción por *Medio sol amarillo.*

Casada con un médico y madre de una niña, en su ensayo *Querida Ijeawele. Cómo educar en feminismo,* Adichie se aleja con contundencia de los estereotipos a través de afirmaciones que parecen sentencias. Algunos ejemplos: «A las hijas hay que transmitirles que no han hecho nada malo por ser mujeres y cambiar el lenguaje hacia lo neutral»; «los hombres y las mujeres son iguales, y en el matrimonio ambas personas son socios absolutos»; «los jóvenes deben convertirse en un bloque de voto que sea casi imposible ignorar»; «hay que vivir lo que crees»; «en las redes sociales es muy fácil que la gente pierda su sentido de la humanidad (...), pero las personas somos seres humanos y hay consecuencias en lo que se cuelga en las redes»; «no me van a decir cómo pensar, he pasado toda mi vida leyendo y reflexionando, y puedo pensar por mí misma».

Decir la verdad o, al menos, su verdad, le ha otorgado una popularidad que, asegura, no fue buscada, así como una exposición pública que le pasó factura cuando secuestraron a su padre para que «la escritora famosa» pagara el rescate. Para apoyar al movimiento Me too en EE. UU., compartió la experiencia de acoso que sufrió cuando, con 17 años, intentaba publicar su primer poemario, sin decir quién fue el acosador «para no hacerle famoso, porque en sitios como Nigeria ocurren estas cosas». Y reivindica que cuando los colonizadores británicos llegaron a Nigeria, las mujeres tenían más derechos en sus sociedades tradicionales que las de la Inglaterra victoriana. Una lección más.

9

Comfort Ero

Presidenta de International Crisis Group, anglonigeriana

En febrero de 2022, dos meses después de su nombramiento como presidenta y CEO de International Crisis Group (ICG), Rusia comenzó la guerra en Ucrania. Para la anglonigeriana Comfort Ero no fue algo inesperado. «No me sorprendió», dijo. «Me puso triste».

Dos décadas de trabajo en ICG –organización dedicada a la prevención, mediación y resolución de conflictos–, donde comenzó como directora de proyectos de África occidental, la llevaron a la cumbre de la institución. Antes, en 2003, se había plantado frente al presidente liberiano, Charles Taylor, al que la comunidad internacional buscaba para juzgarle por crímenes de guerra y de lesa humanidad. La guerra en el país acababa de terminar. El mandatario se dirigió a Ero en tercera persona, como si aquello no fuera con él: «¿Usted cree que el presidente debería ir al Tribunal y enfrentarse a esos cargos?». La respuesta de Comfort Ero no dejó lugar a dudas: «Sí».

La comparecencia de Taylor ante la Justicia tardaría en llegar –fue condenado a 50 años de cárcel en 2012–, porque a veces la resolución de los conflictos es laboriosa, lenta y, en ocasiones, difícil de explicar. Para facilitar que la paz llegara a Liberia, Ero cedió a que Taylor se exiliara en Nigeria. Esta búsqueda firme pero serena de la paz le ha generado críticas de aquellos que priorizan una justicia rápida. «Tenía muy claro que un día (Taylor) se enfrentaría a un tribunal. Incluso aunque el camino estuviera lleno de obstáculos».

La Guerra Fría y figuras como Margaret Thatcher, Mijaíl Gorvachov o Ronald Reagan marcaron el itinerario de Ero, quien, a pesar de un incipiente deseo por el interiorismo –vocación que desmonta con sentido del humor: «Nada de la forma de organizar mi casa sugiere que me lo tomé en serio»–, pronto se decidió a estudiar política internacional y las normas que rigen las relaciones entre los Estados.

La primera mujer negra que dirige los destinos del ICG –«Muchas personas celebran lo que he logrado, pero también me transmiten un mensaje muy claro: "Esperamos un cambio, transformación. Esperamos que hagas las cosas de manera diferente"»– nació en Londres a causa de la guerra de Biafra (Nigeria). Sus padres tuvieron que salir del país por aquel conflicto, y solo pudo ir a Nigeria cuando la situación se calmó. «Leí las cartas que se intercambiaban mi padre y mi abuelo. Y el mensaje era: "Este no es un buen momento para volver, la gente está sufriendo... Llegará el momento de vuestro regreso"». Ese momento llegó cuando Ero tenía dos años. Su hermano mayor y ella fueron enviados a Lagos. «Mis padres querían que conociera, experimentara y entendiera Nigeria cuando era niña y que me inculcaran sus valores culturales desde muy temprano», contó en una entrevista a *Passblue.com.*

Volvió a la City donde, sin embargo, no se sintió ajena a su cultura. «Pienso que nunca salí de Nigeria porque mi familia entraba y salía constantemente de Reino Unido y me traían historias nigerianas».

Ahora, con residencia en Bruselas, dirige una organización prestigiosa y forma parte de esa minoría de mujeres –a pesar de que el trabajo de consolidación de la paz en cualquier parte del mundo es eminentemente femenino– que se dedican a la negociación, a la mediación o a la rúbrica de tratados de paz. Tarea, desde luego, no le falta.

10

Danièle Diwouta-Kotto

Arquitecta e interiorista, camerunesa

Creatividad, proximidad y reactivación. Esta es la receta que aplica desde 1989 el Gabinete de Arquitectura Diwouta. «La mayor parte de nuestro trabajo lo realizamos en Camerún y en otros países de África subsahariana, englobando todos los públicos y sectores de la construcción y la rehabilitación; desde el terciario e industrial al sociosanitario», explica Danièle Diwouta-Kotto en la presentación de la web de su estudio.

Nacida en Camerún pero formada en Francia, Danièle Diwouta-Kotto siempre tuvo claro que sería en su país natal donde desarrollaría su creatividad. Duala, en la costa atlántica, es su cuartel general, desde donde ha ideado las obras con las que ha participado en el Salón MIC de París o en Los Ángeles, y que han sido expuestas también en Dak'Art, la bienal de la capital senegalesa, o La Habana. Entre estos trabajos destaca *Mobilier planeur*, una línea de muebles de madera y metal, como la silla Pat´a mambo. En estos escenarios, la camerunesa ha compartido sus reflexiones sobre el diseño y la arquitectura, vinculados siempre al desarrollo urbano, porque considera que el arte es la fuente de transformación de los lugares en los que transcurre la vida.

En 2003 emprendió un proyecto en el barrio de Bessengue (Duala) llamado Kiosque à eau (Quiosco de agua), un lugar público y de encuentro pensado, sobre todo, para las mujeres que en muchos pueblos de África recorren kilómetros para obtener este bien imprescindible. «El transporte del agua es difícil y a menudo es un trabajo de mujeres, por lo que esta solución arquitectónica es un espacio para que las mujeres se reúnan, hablen y descansen», explicó la arquitecta.

Los estudiosos de su obra aseguran que Diwouta-Kotto está jugando un papel fundamental en la reflexión sobre el diseño africano, la arquitectura y el desarrollo urbano, así como en la relación entre el arte y la transformación de la ciudad. De hecho, como explica en su libro *Architecturales Suits: Kinshasa, Douala, Dakar*, publicado en 2010, «las ciudades africanas contemporáneas son espacios en construcción permanente, que simulan almacenes para la lenta o rápida acumulación de la abundancia». Para ese trabajo se atreve a recuperar, modificar y restaurar la arquitectura colonial africana, a menudo cuestionada, y a destacar su transformación y reelaboración por el paso del tiempo.

La publicación *Express International* la incluyó hace más de 20 años entre las 100 personas que dinamizan Camerún, una catalogación a la que ha sido fiel. Observadora y discreta, en una entrevista en televisión explicó que, a menudo, en sus proyectos arquitectónicos se le plantea un «doble desafío» por lo que representa un lugar y cómo es concebido. En el caso del aeropuerto de Yaundé, que es su «primer recuerdo arquitectónico», ocurrió por la mezcla del concepto de modernidad con un espacio concebido como lugar de partida para los viajeros. Su estilo ha sido descrito como «creatividad contemporánea adaptada a un entorno sociocultural». En su idea de construir la ciudad, «los edificios deberían estar al servicio del urbanismo y no al revés, (...) la ciudad debe ser accesible a todos (...). Hay que regenerar y no negar los centros históricos para aprender la lección. Arreglar los problemas de transporte juntos y comunicar e integrar un debate participativo sobre los grandes proyectos públicos entre los futuros usuarios y los profesionales».

11

Edith Kouassi

Emprendedora medioambiental, marfileña

Fe, audacia y sentido de la responsabilidad. Estos son los principios en los que se basa la conocida como Reina de los Residuos de Plástico o Amazona de la Lucha contra la Contaminación de Plásticos en Costa de Marfil.

Con un vistazo rápido a sus redes sociales –plagadas de fotografías que contrastan la riqueza vegetal y animal con los residuos producidos por los seres humanos y las fábricas, la promoción de jornadas de sensibilización y debates, y la mención a las numerosas distinciones recibidas–, es posible ir conociendo la labor de esta ecomilitante.

La batalla que emprendió de forma oficial en 2020, con la creación de Ecoplast Innov, tiene un grito de guerra: «Cero residuos en la naturaleza, me comprometo». La tecnología al servicio de la protección del medioambiente es la fórmula que ha materializado con la creación de la aplicación de móvil CITIZED, que en 2021 obtuvo el Premio Naranja del Emprendimiento Social en África y Oriente Próximo. Se trata de la primera aplicación creada en Costa de Marfil en el campo de las energías renovables para que los hogares y las fábricas que reciclen hagan un seguimiento del proceso de tratamiento, desde los residuos que han recolectado hasta el producto final, que se incluye en un catálogo y puede ser comprado a través del propio programa. «Transformamos los residuos plásticos en adoquines, placas ecológicas y hacemos bloques de aglomerado de caucho de ruedas usadas para la construcción y el revestimiento de suelos», explicó en una entrevista a principios de 2023. Además, señaló que en 2026 deberían ser capaces de transformar 6.000 toneladas de residuos plásticos al año y de producir unas 5.000 toneladas de productos acabados. Esta ambición traspasa fronteras nacionales e incluso regionales. «Al principio no fue fácil promocionar este sistema de recogida y triaje de los residuos, pero ahora la población lo comprende y ha llegado a integrarse en el proyecto», añadió satisfecha.

Cuenta con siete trabajadores y una veintena de voluntarios que cada 15 días recorren las playas y organizan la recogida de los residuos de los hogares. «Tenemos puntos focales en algunas localidades y también trabajamos con empresas productoras de residuos que nos facilitan la materia prima». El sistema funciona porque con los beneficios de las ventas de lo reciclado están subvencionando la adquisición de retretes, y como la mano de obra que realiza la división y selección de los residuos es femenina, además de formar parte del equipo del proyecto que toma decisiones se contribuye a su autonomía económica y social. «En 2024 esperamos llegar a 9.000 personas, lo que significará 4.000 beneficiarios directos y 5.000 indirectos del proyecto», aseguró Kouassi, ya convertida en consultora y gestora de proyectos de desarrollo durable.

En su primer año de universidad, cuando estudiaba Geografía, tomó conciencia de la amenaza que la contaminación de plásticos representaba para el medioambiente y las comunidades, algo que terminó de constatar en el máster en Medioambiente y gestión de residuos. Este trabajo la posicionó en 2020 como una de las 100 emprendedoras africanas del Encuentro África-Francia y le permitió, un año más tarde, recibir el Premio Alassane Ouattara como joven empresaria.

12

Elena Miro K

Empresaria, escritora y comunicadora audiovisual, beninesa

La absoluta confianza en sí misma podría definirla. La beninesa Elena Myrlène Kouwakanou, más conocida como Elena Miro K, dice que «cuando era pequeña quería descubrir nuevos horizontes, ser capaz de tener impacto en las personas e inspirarlas», tal y como explicó en una entrevista al portal *Modernetchic* en noviembre de 2018, posando orgullosa en las fotografías bajo el titular «La escritora bella». Se licenció en la Escuela Superior Multinacional de Telecomunicaciones

(ESMT) de Dakar (Senegal), y en 2011 creó su propia empresa de comunicación, EM Com, con la que, en menos de una década, ha logrado alcanzar un liderazgo basado en «la acción y el positivismo» y en una actitud «conciliadora pero firme». Una mujer que ha logrado dar la vuelta a la supuesta vulnerabilidad de la condición femenina en la que fue educada, para demostrar que si el compromiso empieza por una misma, cualquier objetivo en la vida es posible.

La meteórica carrera de Miro K es una secuencia de hechos. Escribió su primer libro en 2013, *Le bout du tunnel* (Al final del túnel), tres años después *Miel sacré* (Miel sagrada), y el más reciente, *Le miroir* (El espejo), en 2018. Miro K asegura que para ella la escritura es «una encarnación de la realidad a través de los laberintos de la vida de la mujer y una reinvención íntima». Por eso se centra en el amor, en historias de superación y en un mensaje con el que pretende romper tabúes, obligando a reflexionar sobre la propia existencia y a dejar de lamentarse para pasar a la acción.

En 2013 fue nominada al Premio de la Cámara Internacional de Comercio de Benín como una de las mejores jóvenes empresarias del año. Y dos años después lanzó la revista *Health Mag*, la primera publicación bimestral gratuita del país dedicada exclusivamente a la salud. Con versiones en papel e Internet, además de una aplicación para telefonía móvil, Miro K ha logrado un impacto social importante al tratar temas que son a menudo tabú.

Durante esos años también ha desarrollado su carrera como presentadora de televisión, destacando por su vitalidad y por su capacidad comunicativa. Empezó en programas de moda en un canal privado, pero pronto la fichó la televisión pública beninesa para presentar un programa de tecnología y empresas. En 2016 llegó a dirigir «Rencontre d´un leader» en el canal *Business 24 Africa*, el mejor reflejo de lo que se ha empeñado en promulgar. Pero, quizás, el proyecto en el que más realizada se siente sea la Fundación Women´s Empowerment, creada en 2019, que financia a jóvenes empresarias para que logren la autonomía que les permita ser independientes en sus sociedades de origen. «Comprendí que lo que desfavorecía a esa gran masa de mujeres era la incapacidad de "traer el pan a la mesa", y por eso decidí ayudar a las que estuviesen dispuestas a formarse y a asumir un liderazgo».

«La clave para el desarrollo personal es mantener alto el grado de autoestima y poder acceder a una financiación que te permita demostrar hasta dónde eres capaz de llegar». Esa es la visión con la que Elena Miro K pretende que en 2030 su fundación haya creado un millón de puestos de trabajo destinados, en su gran mayoría, a «mujeres trabajadoras y decididas». Miro K descubrió pronto que la ausencia de autoestima tiene claras consecuencias psicológicas. Por eso decidió, como ella misma dice, «hacer sonar la alarma, por una cuestión moral».

13

Eliana Silva

Comunicadora y escritora, lusoangoleña

En octubre de 2020, Eliana Silva aprovechó una página del dosier «Voices of African Women», publicado por *New African,* para hablar de "La inspiradora historia de Bina". Al final de su colaboración, y a modo de corolario digital, Silva dejó cuatro etiquetas que sirven para definir a esta comunicadora: #*storytelling,* #narrativas, #representación y #pertenencia.

La herencia cultural y racial de Silva –hija de padre luso y madre angoleña– la llevó a conocer y beber de los valores y riquezas de la metrópoli y de la antigua colonia. Y de ese conocimiento, en un salto con red, surgió en 2014 su deseo de vivir y trabajar en Maputo, la capital de Mozambique, otro espejo colonial donde mirarse. Pero, por su amplitud de miras, abarca también a la otra gran referencia del habla portuguesa en el mundo: Brasil. Fruto de esa filia por aquel país ha dicho: «Tengo cuerpo bahiano, cerebro paulista y alma carioca».

Si damos por buena la definición de *storytelling* como el arte o la capacidad que tiene una persona para contar historias, entendemos que este concepto se amolda a la vida personal y profesional de Eliana Silva. Así lo atestigua, por ejemplo, su último proyecto editorial, Marcas por Escribir, presentado en febrero de 2022, a través del que desea posicionar en el mercado a empresas del mundo lusófono. La iniciativa pretende convertirse en un espacio donde confluyan historias procedentes de Mozambique, Angola y Cabo Verde, pero que también tengan reflejo en Santo Tomé y Príncipe o Guinea-Bissau.

Esta experta en narrativas se ha enfrentado al mundo de la comunicación institucional, el marketing o la publicidad, un itinerario que le ha llevado a la agencia publicitaria Create, o a

Índico, la revista oficial de las Linhas Aéreas de Moçambique.

Sin embargo, es en la literatura donde se encuentran las principales referencias de Silva. En plena pandemia, la autora decidió presentar *Bina, la descubridora del Índico,* su primera incursión en el mundo de la narrativa infantil y juvenil. A través de este trabajo se acerca al mundo del albinismo, con un impacto significativo en sociedades como la mozambiqueña –se estima que 30.000 personas en el país sufren esta alteración genética–, y la angoleña. *Bina* es el resultado de casi diez años de trabajo, de observación y de conversaciones con amigos y conocidos. Sobre la novela, Silva ha dicho que «es un libro de mucha empatía, de muchos viajes, de mucho coraje y de mucho color. Quería compartir el mensaje de que todas las niñas y todos los niños pueden ir a cualquier parte», como la protagonista de esta historia.

Nacida en Ilha de Moçambique, la isla de origen coralino donde los portugueses establecieron la primera capital de la colonia, Bina recorre en bicicleta Brasil, Francia, Japón y Angola. En este país del suroeste africano conoce a Milu. Albina como ella, Milu ayuda a la protagonista de esta historia a descubrir y valorar la singularidad de cada persona con independencia del color de su piel, su identidad o sus rasgos. «Andar en bicicleta será lo más divertido» de esta historia ideada por Eliana Silva, de quien Eugenio Scalfari, el histórico periodista italiano cofundador de *La Repubblica,* diría que es «gente que le cuenta a la gente lo que le pasa a la gente».

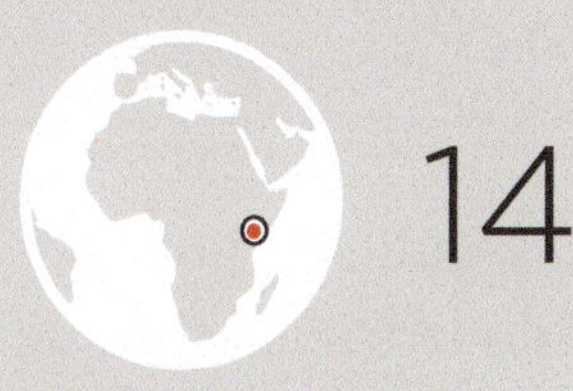

14

Eriss Khajira

Documentalista y activista, keniana

Podríamos definirla como consecuente y resolutiva, porque la keniana Eriss Khajira ha convertido su profesión en una forma de ser consciente de lo que ocurre e intentar provocar un verdadero cambio social. «Nací en el suburbio de Dandora, a pocos metros del vertedero del mismo nombre, en el que siempre hay miles de personas rebuscando entre la basura de los habitantes de Nairobi. Entiendo lo difícil que es vivir en un barrio marginal. Sé lo que significa elegir entre comprar comida o pagar el alquiler, o no tener nunca lo necesario. Entiendo la frustración de contar tus problemas a los periodistas y que no te ofrezcan soluciones», declaró en 2021 al diario *El País*.

Su vocación se remonta a cuando tenía 11 años. Entonces vio por primera vez un documental y se dio cuenta de la importancia de contar lo que le ocurre a la gente que sufre. Decidió ofrecerse de forma voluntaria a un profesional que hacía fotos y vídeos en bodas y funerales, convirtiéndose en su «cargadora de la bolsa». Se inició en la composición de imágenes observando y realizando pequeños vídeos con su móvil que luego mostraba a la gente de su entorno para comprobar si tenían el efecto que pretendía.

Autodidacta y siempre atenta a lo que pasaba a su alrededor, consiguió un trabajo en la Nairobi Community Media House como reportera del periódico *African Slum,* y siguió buscando la forma de contar las cosas sin que los protagonistas de sus historias se sintieran utilizados. Consciente de la capacidad que los medios de masas pueden llegar a tener sobre los problemas de la comunidad, Khajira se autodefine como una «productora de documentales sobre temas reales que ocurren en las comunidades».

En 2014 estrenó *Dusty bin dreams*, su primer documental, en el que cuenta a través de cinco retratos de habitantes de Dandora –algunos de ellos amigos muy cercanos a la propia Khajira–, las fortalezas, penas y anhelos de sus vecinos. «A partir de esas historias, algunos sueños se han hecho realidad. Mi dolorosa historia me ofreció la oportunidad soñada de convertirme en cineasta», explicó al diario español. Su comienzo no pudo ser mejor ya que, con este primer trabajo, ganó en 2015 el Premio Parda del Festival Internacional de Cine de Cabo Verde.

Mientras se documentaba para nuevas realidades que filmar, Khajira creó el Centro Big5 con el objetivo de contribuir a esa justicia social –ayudan a 100 familias– demasiado ausente en los países africanos. Centrada en mujeres y niños –«los más vulnerables de la comunidad»–, explica en su web que su misión es que «la gente viva con dignidad, seguridad y tolerancia». Lo que le llevó a crear una biblioteca y hacer jabón durante la pandemia para repartirlo gratis y evitar una mayor propagación de la COVID-19.

Para la documentalista keniana, África es sinónimo de «esperanza, amistad, desesperación y traición», una mezcla compleja y a menudo contradictoria con la que se lidia un presente en el que las personas deben estar siempre en el centro de la acción. El acceso a la educación es la clave, lograr algo tan supuestamente básico como generar espacios en los que los menores puedan estudiar en una mesa y a la luz de una bombilla en lugar de una vela.

15

Fadima Diawara

Emprendedora tecnológica, guineana

«No esperar al buen momento porque no llega nunca, perseverar y lanzarse con lo que tengas, dar lo mejor de ti, recordar que no estás solo y no rendirse». Estos son los consejos que la guineana Fadima Diawara, fundadora de Kunfabo, la primera marca de telefonía africana, da a los que quieran realizar su sueño.

Kunfabo, que en mandinga significa 'estar en contacto' o 'tener noticias', nació en el año 2017 en Barcelona. Diawara llegó nueve años antes a la ciudad «por amor» y fue capaz de aprovechar el impulso tecnológico e innovador que caracteriza a la capital catalana para crear un equipo tan entusiasta como ella. «Barcelona forma parte de mí, me siento como en Conakry, en casa. Es un lugar de oportunidades cuando haces el esfuerzo de aprender el idioma, relacionarte, interactuar con la gente y trabajar con un objetivo», explicó en una entrevista durante el lanzamiento de uno de los tres modelos de la marca, dos *smartphones* y uno sin datos, todos en la gama de bajo coste. «Los chinos copan el mercado africano con marcas que se venden solo en el continente, pero con Kunfabo ponemos en valor nuestra africanidad. Es una marca creada exclusivamente para las personas que viven en África», explicó a *La Vanguardia* a principios de 2022 esta abogada y jurista, apasionada desde pequeña por los dispositivos electrónicos, la innovación y las nuevas tecnologías.

En poco más de un lustro, Kunfabo –que se presenta con un eslogan tan potente como su fundadora: «Porque es tu derecho»– ha logrado más de 70.000 clientes y tiene como objetivo que la fabricación sea cien por cien africana, aunque por el momento está obligada a contar con socios en China para la producción. «Si quieres alcanzar tu objetivo, hacer lo que realmente te apasiona, lo principal es formarse y organizarse», recomienda Diawara en sus múltiples apariciones en redes sociales africanas y en medios de comunicación españoles.

Vive a caballo entre su Conakry natal, donde cursó desde Primaria hasta la universidad, y Barcelona. «Siempre supe que regresaría a mi país porque África vive en mí. Cuando decidí crear Kunfabo, lo hice como algo con lo que se identifiquen los usuarios, que estarán viviendo en el continente. Por eso elaboramos aplicaciones adaptadas a la situación sanitaria en los países africanos, también a nuestra gastronomía (Afrocook recopila recetas de todos los países donde se venden sus terminales), el arte, las finanzas o incluso un WhatsApp específico. Todas ellas responden a la forma de comunicarse y relacionarse en África».

Diawara ya ha demostrado que las nuevas tecnologías no son solo el «terreno de los blancos», ni que tampoco deben atribuirse únicamente a los hombres. «Es un sector muy machista en el que la brecha es enorme y tienes que trabajar dos veces más que un hombre. Además, si fracasas, dirán que es porque eres mujer», ha dicho. Destaca que el equipo, «el cerebro colectivo», es la clave, un conjunto de personas que no responden ni por su genero ni por el color de piel, sino que son capaces de alcanzar objetivos.

16

Farida Bedwei

Desarrolladora de software *y emprendedora, nigeriana*

«Nadie es perfecto. Todos tenemos una parte de nosotros que no funciona bien. Identifica tu minusvalía y conviértela en una grandeza». Esta afirmación, pronunciada por Farida Bedwei (Nigeria, 1979), lejos de ser una declaración de intenciones, ha sido su realidad.

Nació con un intestino bloqueado y con solo dos días de vida la operaron de urgencia. Además, sus padres tenían una incompatibilidad en la sangre llamada Factor Rhesus que causa icteria en los bebés –no pudieron aplicarle el tratamiento por la malformación congénita–. Cuando salió de la incubadora, con 10 días de vida, el daño era irreversible y al año de edad le diagnosticaron parálisis cerebral.

El trabajo de su padre, en el Programa de Desarrollo de Naciones Unidas, hizo que pasara parte de su infancia en Reino Unido y en las islas caribeñas de Dominica y Granada. A los nueve años se instalaron en Ghana. Su madre se aseguró de que la discapacidad no le impidiera nunca llegar adonde ella quisiese. Así fue como se fraguó su determinación y tesón, que Bedwei focalizó en su pasión por los ordenadores. Por la imposibilidad de encontrar centros de enseñanza adaptados a las necesidades físicas de Bedwei, sus padres decidieron inscribirla con 15 años en un curso en el St. Michael Information Technology Center de Ghana, esquivando así los años de instituto. Fue el germen de la licenciatura en Informática que acabaría haciendo en la Universidad de Hertforshire de Reino Unido, y que al regresar a Ghana completó con conocimientos en gestión y administración pública.

Sin que las dificultades de movilidad supusieran un impedimento para su carrera profesional –la parálisis cerebral no impide desarrollar la capacidad de aprendizaje–, Bedwei empezó a trabajar en la empresa de *software* Soft Company Ltd. (conocida como Softtribe), y luego en Rancard Solutions Ltd., donde en nueve años pasó de analista de soluciones a desarrolladora informática sénior. Uno de sus logros fue crear un sistema de actualización de contenidos para la Comisión de Derechos Humanos, Justicia Administrativa y Pagos *online* de KPMG Accra (Ghana), para la gestión simultánea de las nóminas en diferentes empresas. En 2010 diseñó e implementó nuevos productos y servicios para G-Life Microfinance, y un año después cofundó su propia empresa, Logiciel LTD Accra, en la que es jefa de Tecnología y donde ha dirigido la implementación de gKudi, un *software* que pone en contacto a beneficiarios de microcréditos con las entidades bancarias –en la actualidad más de 300 en el país–. Bedwei considera que el sector informal africano –que puede alcanzar al 70 % de la población– merece el mismo servicio bancario que el formal.

Ha recibido varios premios, entre ellos el que otorga el Gobierno ghanés a la Mujer de Negocios Más Influyente (2013). Dos años después publicó una pequeña autobiografía: *Definición de un milagro*. Es también la artífice del nacimiento de Karmzah, una superheroína de cómic con parálisis cerebral pero con poderes en sus muletas.

Bedwei se autodefine como «alguien que ama la tecnología y la utiliza para cambiar vidas». Y concreta uno de sus lemas: «Me encanta la idea de resolver problemas creando cosas».

17

Felicia Abban

Fotógrafa, ghanesa

Reconforta llevar la vista atrás, a hace más de 80 años, y descubrir a Felicia Abban. Nació en 1935 en Sekondi-Takoradi (oeste de Ghana). La mayor de seis hermanos, a los 14 años su padre le permitió que aprendiera el oficio y la formó como fotógrafa.

Fue su atenta aprendiza durante tres años, observando cómo preparaba la puesta en escena, pensando que las mujeres tenían más maña para esas cosas. Completó su formación en el Estudio Bennet de Inglaterra y a los 18 años, recién casada, se trasladó de Takoradi a Accra, la metrópoli, para abrir en 1955 en el centro de Jamestown su estudio de fotografía al que bautizó como Mrs Felicia Abban´s Day and Night Quality Art Studio. Se codeaba con J. K. Bruce Vandenpuije, del Deco Gratias, y con James Barnor, de Ever Young Studio.

Teniendo en cuenta la época de la que hablamos, hay que reconocer que los hombres que rodearon a Abban jugaron un papel importante. Primero su padre, al no tener problemas en que su hija mayor siguiera sus pasos en el oficio que él había heredado también de su progenitor; y, después, Richard Bonco Abban, la persona con la que Felicia se casó y que, además de diseñar la tela con la que se conmemoró la independencia del país de la mano de Kwame Nkrumah, no solo no impidió sino que alentó a Abban para que desarrollara su trabajo, facilitando su vínculo con las altas esferas.

Así fue como la osada y persistente Felicia fue imponiéndose en un entorno masculino, aportando su estilo y capacidad creativa. Se convirtió en la primera mujer fotógrafa del país y trabajó tanto para el presidente Nkrumah como para *Guinea Press Limited* –que aglutinaba entre otros medios oficiales al *The Ghana Evening News* y al *Guinea Times*–.

«Como fotógrafa debes ser rápida. La delegación de Nkrumah siempre andaba de forma enérgica y yo debía ir por delante de ellos para tener la mejor vista. Debía correr. En ese momento estaba más delgada de lo que estoy ahora, por lo que podía realmente correr», explicó Abban cuando, en 2017, 62 años después de que abriera su estudio en la capital ghanesa, se le reconociera su trabajo en la exposición de la Galería ANO. Dos años después obtuvo el favor internacional en la Bienal de Venecia, siendo una de las siete artistas elegidas para representar a tres generaciones de arte ghanés. Y en 2019, los Encuentros de Bamako (Malí) le rindieron un merecido homenaje mostrando sus autorretratos.

Pero Abban no necesitó nunca ese reconocimiento tardío. Se dio a conocer a través de los autorretratos que se hacía pocos instantes antes de salir para acudir a una cena o a un evento, sabía que esa era su mejor carta de presentación, las llamaba sus «tarjetas de llamadas». La mirada femenina de la ghanesa sobre lo que estaba pasando en esos primeros años tras la independencia, a través de la ropa y los accesorios que ella llevaba, era su signo de identidad.

Considerada por los críticos como una «analista detallista de la transformación de su país», Abban fue lo que hoy calificaríamos como *influencer.* Alcanzó en 1998 la presidencia de la Unión Profesional de Fotógrafos de Ghana. Formó a las jóvenes que querían aprender el oficio con la misma naturalidad que lo aprendió ella, y su «fotografía revolucionaria» logró siempre captar el estilo y la actitud del que se ponía delante de su lente.

18

Fognon Maïmouna Koné

Emprendedora social y activista feminista, marfileña

Su determinación no le ha permitido dudar nunca. Por eso, cuenta en las charlas en las que explica los comienzos de DYNEXAFRICA (Dinámicas y Excelencia de África, por sus siglas en francés) que «la gente me dice a menudo, "tienes mucho dinero, ¿no tienes nada más importante que hacer? ¿Acaso la robótica alimenta al hombre? Has nacido en el país equivocado". Y es duro escuchar estas reflexiones de personas con estudios, pero es la realidad. La gente prefiere invertir en diversión antes que en formación».

Jurista de formación, locutora de radio, modelo, pero sobre todo promotora de una iniciativa en la que ya se han formado 1.000 niñas y jóvenes de Costa de Marfil para hacer carrera en STEM (Ciencia, Tecnología, Ingeniería y Matemáticas), Maïmouna Koné (@MaileenCauney) ha recorrido las principales ciudades de su país para que las estudiantes de entre 11 y 18 años tengan una referencia que les ayude a creer que es posible que una niña estudie ciencias.

La iniciativa consiste en que durante un trimestre, además de las clases habituales de la escuela, los miércoles por la tarde acudan al centro de DYNEXAFRICA en el barrio de Abobo, en Abiyán, para realizar módulos de informática (*software, hardware* y herramientas de productividad), robótica (ensamblaje y programación), drones (diseño, ensamblaje, pilotaje, electricidad y mecánica) y código, que imparten profesores voluntarios.

El compromiso de las niñas y jóvenes para acudir a la formación se traduce en una presencia de un 99 %, muy lejos del habitual absentismo escolar en el que caen las menores cuando empiezan a ayudar en casa. Bajo una óptica de «solidaridad femenina» y de «transferencia generacional», Maïmouna Koné ha logrado implicar a madrinas que apoyan económicamente el proyecto, como también lo hacen importantes empresas extranjeras de informática y móviles.

«Tengo la impresión de estar aportando algo a mi comunidad, me siento útil. No vivo, sino que existo», explicó después de haber organizado en agosto de 2019 la primera edición del Foro Niñas STEM África en Abiyán, la capital económica de Costa de Marfil, un encuentro en el que las jóvenes mostraron su talento y manifestaron su deseo de hacer estudios superiores de STEM porque el 80 % de los futuros empleos se desarrollarán en estas disciplinas.

Un año después de su creación, el proyecto DYNEXAFRICA ganó el concurso de robótica que organiza la embajada de EE. UU. en Costa de Marfil, un momento importante en el que Koné reconoció que las dos mujeres que han marcado su vida son su hermana mayor, que se sacrificó para que las más pequeñas pudieran estudiar, y Michelle Obama, porque «representa a la mujer fuerte, comprometida y ambiciosa en la que estoy trabajando para convertirme algún día».

Un deseo en parte ya realizado porque está consiguiendo que las niñas confíen en que pueden realizar estudios de disciplinas técnicas que hasta ahora solo se planteaban los niños; aunque aún queda camino para que «ellas lleguen a ser su propio jefe en esos campos y puedan aprovechar que ya tienen la base para crear sus propias páginas de Internet y las aplicaciones que se les ocurra desarrollar». Dice que Costa de Marfil podría convertirse en el nuevo Singapur si se apoya a las menores en estas disciplinas porque, como recuerda, «África está en constante desarrollo».

19

Graça Machel

Política y activista por los derechos de la infancia, mozambiqueña

«Independiente» podría ser el principal calificativo de una mujer excepcional. Huérfana de padre, se crio en un entorno rural, pero logró estudiar en una escuela de Maputo –donde era la única niña negra– y obtuvo una beca para ir a una universidad en Portugal, el país que colonizó Mozambique.

Combativa, discreta, fiel, inteligente... Es difícil dejar de añadir las cualidades con las que se ha descrito tanto su trabajo como su personalidad durante décadas. Es la única mujer que ha estado casada con dos presidentes –Samora Machel (Mozambique) y Nelson Mandela (Sudáfrica)– aspecto que, al hablar siempre de ellos desde un punto de vista humano, nunca ha querido destacar. La trágica muerte del líder mozambiqueño en un accidente de avión cuando regresaba a su país la sumió en un silencio casi absoluto durante un lustro. Un estado que, de forma premonitoria, logró romper Mandela al escribirle una carta desde la cárcel a la que ella respondió: «Desde tu enorme prisión, me has traído un rayo de luz en mi hora más oscura». Al recobrar la libertad en 1990, Mandela acudió a Maputo y apadrinó a sus hijos: Malenga y Josina.

Graça Simbine fue una guerrillera más del Frente de Liberación de Mozambique (Frelimo) haciendo de «correo» entre su país y Tanzania, donde estaba la sede del movimiento. En esos años conoció a Samora Machel, con el que se casaría unos meses después de que se convirtiera en el primer presidente del Mozambique independiente. Entre 1975 y 1989 ocupó el puesto de ministra de Educación, desde donde logró que la tasa de escolarización en Primaria pasara del 40 % al 90 % entre los niños y al 75 % entre las niñas. Una lucha en la que, con casi 80 años, sigue combatiendo con determinación, como demostró en junio de 2019 pasado durante la apertura del 41° período de sesiones de la Conferencia de la FAO. Se refirió al «deterioro del nivel educativo y la falta de atención a la enseñanza para adultos, especialmente en las mujeres rurales»; y con el dedo índice en alto responsabilizó a la ONU y a los Gobiernos de los 194 países presentes de «no trabajar lo suficiente, teniendo los conocimientos, las capacidades y las posibilidades de resolver» que 821 millones de personas sigan pasando hambre en el planeta.

«Es una vergüenza para cada uno de nosotros que haya mujeres que tengan que enterrar a sus hijos porque no tienen el poder de protegerlos», sentenció, para después contextualizar: «La falta de infraestructuras hace que las subsaharianas dediquen al año 40.000 millones de horas a recoger agua (...). Las empresas tienen que revolucionar la agricultura como Uber lo ha hecho en el transporte o Netflix en la industria del entretenimiento. Es un verdadero fracaso de la gobernanza global».

Compartió el Premio Príncipe de Asturias de la Cooperación Internacional con otras mujeres de referencia en 1998, y fue la primera mujer africana en recibir la Gran Cruz de la Orden del Imperio Británico. Incansable, continúa su lucha en defensa de los derechos de los menores –marcada por el impactante informe que realizó en 1996 para UNICEF sobre las consecuencias de la guerra en la infancia–, en la lucha por la igualdad y contra la violencia machista –que ha padecido de forma muy cercana a través de su hija Malenga, que sufrió una brutal paliza por la que perdió un ojo–. Graça Machel, compañera de presidentes, madre, activista...

20

Hilda Baci

Cocinera e influencer *en redes sociales, nigeriana*

El 15 de mayo de 2023, a las ocho menos cuarto de la mañana, hora nigeriana, Hilda Effiong Bassey, conocida como Hilda Baci, batió el récord de la persona que más horas cocinó de forma ininterrumpida en el mundo. Fueron 93 horas y 11 minutos, que seis meses después superó un cocinero irlandés al resistir casi 120 horas frente a los fogones. Baci, creadora de la marca culinaria My food, hizo más de 100 platos –55 recetas nigerianas e internacionales– que fueron donados a la Fundación Fesus Fajemilo. «El primer día fue el más difícil», declaró la popular cocinera después de agradecer el apoyo de las miles de personas –y hasta grupos musicales– que se acercaron a la cocina-escaparate instalada en la calle en la que estuvo casi cuatro días trabajando sin parar.

La determinación de Baci parece algo innato. Se licenció en Sociología por la Universidad Madonna, situada en el estado de Anambra, al sudeste del país, aunque ya antes había empezado a aparecer en programas de televisión aprovechando sus dotes culinarias, en parte heredadas de su madre, Lynda Ndukwe, una reconocida chef de Abuya. Además, entre 2020 y 2023 participó en tres películas, hasta que puso en práctica uno de sus mantras, *«Cook-a-thon»* («cocinar un montón»), para que su popularidad traspasara las fronteras del país más poblado del continente africano.

A pesar de su juventud, 27 años, la capacidad de trabajo y esfuerzo por sacar adelante sus proyectos han hecho que Baci sea un referente para los que se quieren dedicar a la cocina. Los contenidos que comparte en YouTube, además de su participación en programas de televisión en cuya producción ha llegado a involucrarse, han hecho que se la considere una emprendedora del sector de la hostelería. La marca My food by Hilda está valorada, según la publicación Kemi Filani News, en 300.000 dólares.

Orgullosa de sus raíces y consciente de la riqueza de las delicias culinarias de su entorno, Baci ha declarado en más de una entrevista su «insaciable sed por aprender». La alimentación es parte de la cultura, de las relaciones sociales y de la humanidad, y lo reivindica para «comprender el mundo que me rodea».

Pasión y dedicación son los calificativos que desde sus entornos cercanos destacan para describir unos platos que combinan la tradición con las improvisaciones de los sabores que se atreve a mezclar con el objetivo de sorprender.

La cocina de Amore Gardens, en el barrio Lekki de Lagos, no olvidará con facilidad los cuatro días del espectáculo culinario con el que Baci deleitó a todos los que la animaron para que lograra el Guiness. En los vídeos del evento se la ve agradeciendo el apoyo, bailando al ritmo de la música que la jaleaban desde el otro lado del cristal, todo junto a un agotamiento que no le quitó la sonrisa mientras pasaba las horas sin dejar de cocinar.

Celosa de su vida personal, ha logrado en los turbulentos últimos meses de 2023 sortear a los más curiosos, poniendo el acento en la importancia de acceder a una educación, contar con el apoyo de la familia y los amigos, y cultivar la determinación personal de que la posibilidad de cumplir un sueño existe siempre. «La cocina nigeriana es una de las mejores del planeta –aseguró al ganar la competición Jollof Faceoff en 2021– y hay que compartirla con el mundo».

21

Hodan Nalayeh

Periodista y fundadora de Integration TV, somalí

Pura energía y vitalidad. La sonrisa casi perenne de Hodan Nalayeh mientras recorría, subida en un coche o en un autobús, los caminos de su país natal, cuando iba al encuentro de tenderos, pescadores o amas de casa, o el enjambre de niños curiosos que casi siempre la rodeaban en sus retransmisiones, era parte del mensaje que estableció cuando creó, en 2014, *Integration TV*.

«Creemos en las historias de empoderamiento con éxito. Somos el primer canal *online* de televisión en inglés que conecta a las comunidades somalíes de diferente bagaje para compartir historias inspiradoras que mejoran nuestra sociedad», reza la presentación del que se convirtió en su proyecto de vida. El éxito que obtuvo se resume en 5,3 millones de visualizaciones de vídeos, 75.000 seguidores en X, 130.000 en Instagram y 550.000 en Facebook.

Vestida con un traje largo holgado de flores sobre un fondo rosa –con el que disimulaba su avanzado estado de gestación–, a juego con un pañuelo rosa claro y un chal morado, Nalayeh subía con determinación a lo alto de una colina desde la que ver Las Anod, la ciudad que fue parte del Estado derviche hasta 1921, cuando se incorporó al protectorado de la Somalilandia Británica. Alabando las vistas mientras, divertida, recuperaba el aliento, pedía a sus compatriotas que no dejaran de viajar por el país, que siguieran disfrutando de esas maravillosas vistas sin miedo. Un mensaje que pocos días después se convertiría en su despedida involuntaria, porque el 12 de julio de 2019 estaba tomando un té junto a su marido, el productor Farid Jama Suleiman, en el hotel Assasey de Kismayo (al sudoeste de la capital somalí) cuando un grupo de terroristas de Al Shabab, vinculado a Al Qaeda, activaron la carga de un coche bomba y empezaron a disparar indiscriminadamente. Murieron 26 personas, entre las que estaban la que ya se había convertido en «inspiración de las nuevas generaciones» y su cómplice de vida, en lo personal y lo profesional. Habían dado el paso de instalarse en Somalia, junto a los dos hijos de un matrimonio anterior, para demostrar que el país es mucho más que los efectos devastadores que dejó la guerra civil de los años 90 y la violencia que se registró en territorio somalí entre 2010 y 2012 –con más de 260.000 muertos, según la ONU–.

Periodista de formación, emigró a Canadá junto a su familia cuando tenía 5 años, pero su activismo social estuvo relacionado con sus raíces. Trabajó siempre delante de la cámara, valorando el potencial –por su difusión y alcance– de las redes sociales y las plataformas digitales. Con la etiqueta #MySomalia «se convirtió en la voz de muchos», como apuntaba una de sus colaboradoras poco después de su muerte.

Férrea defensora de la diversidad y la inclusión, destacando siempre las realidades de personas concretas –con las que tomaba té, a las que preguntaba por sus inquietudes y preocupaciones–, se esmeraba para que los cierres de sus crónicas estuvieran siempre cargados de esperanza. «Alá, haz que la mejor parte de mi vida sea la última que viva, haz que la mejor de mis acciones sea la que haga en esta vida, y que el mejor día sea el que vuelva para encontrarte», fue lo último que compartió con sus amigos y seres queridos.

22

Kamil Ahmed

Locutora de radio, somalí

El futuro personal y profesional de Kamil Ahmed (Somalia, 1999) dependió durante un tiempo del Gobierno de Kenia, que anunció el cierre, en junio de 2022, de los campos de refugiados de Kakuma y Dadaab, donde viven cerca de 420.000 personas, principalmente somalíes.

Dadaab es uno de los campos más antiguos del continente, y durante mucho tiempo ha sido el más grande del mundo. Convertido entonces en objeto de discusión, mientras el ya expresidente Uhuru Kenyatta se obstinaba en cumplir con su promesa de cerrar sus puertas, sus habitantes comenzaron a barajar las opciones de volver a Somalia o ser reubicados en algún país limítrofe.

Entre las miles de personas que se enfrentaron a ese dilema se encontraba Ahmed, que llegó allí con su madre en 2008, después de que su padre fuera asesinado en Mogadiscio. «Perdí a mi padre, me tuve que ir de mi pueblo, de mi escuela», recuerda la joven, quien añade que, no obstante, fue capaz de encontrar «paz y esperanza en Dadaab, y enseguida me matriculé en la escuela».

Con nueve años, lo que Kamil escuchaba en la frecuencia modulada de los pequeños aparatos de radio que acompañaban a infinidad de familias en Dadaab no era más que una banda sonora extraña y ajena para una niña. Aquel hilo de palabras era Star FM Radio Gargaar, la emisora de radio del campo.

Los días comenzaron a acercar a aquella niña al mundo de las ondas. Cuando Ahmed terminó Primaria se matriculó «en un programa para jóvenes de un año de duración ofrecido por el Consejo Noruego para Refugiados. Allí aprendí las nociones básicas del periodismo». Y poco después comenzó su vínculo con Radio Gargaar, que en somalí significa 'ayuda'. Los programas de la emisora, en los que predomina la información de servicio, hacen justicia al nombre bajo el que emiten cada día. Un contenedor –en el que un día puede que llegara ayuda humanitaria a Dadaab– se convirtió en el poco glamuroso, pero efectivo, estudio desde el que Ahmed se dirige a un público que, en la actualidad, supera los 200.000 oyentes potenciales.

La joven somalí ha sido durante mucho tiempo la única mujer en Radio Gargaar, algo no muy bien asumido por parte de los habitantes del campo, sobre todo al principio, porque entendían que estaba quitando el trabajo a un hombre y que debería dejar la radio y casarse. Sobre esto, la locutora somalí dijo: «Estoy orgullosa de mi trabajo, por el que mucha gente me respeta. Pero hay otras personas a las que no les gusta lo que hago. Me presionan mucho, pero cuando me insisten en que me case yo me río y no les doy importancia».

Su voz, junto a la del resto de compañeros de la emisora es fundamental para el futuro de Dadaab y, sobre todo, de las miles de personas que viven allí. «El cierre inminente del campo –dijo– ha afectado a todo, nuestros comercios, nuestro sustento.... La radio es importante para estar atentos a las cambiantes decisiones políticas del Gobierno de Kenia».

Ella, sin embargo, parece tenerlo claro. Intuye, o desea, un futuro en Somalia. Quiere estudiar y ejercer el periodismo en su tierra, a pesar de los peligros que corren los colegas en el país. «Sé lo peligroso que es para alguien como yo, pero quiero regresar. Mi madre nunca me permitiría poner en riesgo mi vida, así que tengo que esperar en este campo, que parece una cárcel». El futuro será Somalia. El presente, de momento, se llama Star FM Radio Gargaar.

Koleka Putuma

Poetisa, sudafricana

Expresa las ideas mediante la palabra, a través de una poesía rompedora y experimental, para lo que utiliza la música, la capacidad expansiva de Internet, arriesgando con versos directos, a menudo incendiarios… Koleka Putuma (Sudáfrica, 1993, @KPutuma) pretende no solo despertar conciencias, sino zarandearlas y exigir una reacción.

Todo empezó con el movimiento estudiantil de 2015 #Rhodesmustfall, que pedía la retirada de una estatua de Cecil John Rhodes (colonizador británico que fundó Rodesia, actual Zambia y Zimbabue) de la explanada de la universidad de Ciudad de Cabo. Putuma se unió a la protesta con el poema «Dear Allen», emulando al poeta estadounidense de la Generación Beat en su poema «Aullido». En la versión de Putuma: «He visto a las mejores mentes de mi generación/desgarrando páginas del Paraíso Perdido».

La fuerza y la osadía con las que Putuma plantea la desigualdad que sigue existiendo en su país tienen un valor aún mayor al no haber experimentado, por su edad, la injusticia del régimen de segregación racial: ella pertenece a la generación *posapartheid*. Y reivindica que se establezca un diálogo abierto y sincero, por eso durante su participación en una charla TED en su ciudad natal, se atrevió a recitar el poema «Water», en el que compara la relación que tienen los blancos y los negros con el mar; y que fue censurado y suprimido del canal de Youtube tras la protesta de algunas personas del público.

Una escritura afilada, sin concesiones, incómoda, que adquiere su sentido máximo mediante su verbalización, cuando Putuma interpreta su mensaje. En el poema «Memorias de una esclava *queer* y de una persona *queer*» sentencia: «Nunca consentimos./Sin embargo, se nos pide cenar con los opresores/y servirles el perdón./Cómo, cuando los únicos ingredientes que tengo son dolor y rabia».

El poemario *Amnesia Colectiva* (publicado en español por Editorial Flores Raras) se ha convertido en un inédito éxito de ventas en Sudáfrica con más de 5.500 ejemplares vendidos y 11 ediciones. Enemiga de la hipocresía, cuestiona la injusticia racial actual: «Quiero que alguien me mire/y me quiera/como los blancos miran/y quieren/a Mandela», arranca su rima «1994: Un poema de amor».

Fue incluida en la lista «30 under 30» de la revista *Forbes Africa* y su poema más breve («No quiero morir/con mis manos en alto/ni mi piernas abiertas») se viralizó en Instagram, convirtiéndose en el eslogan de pancartas en las calles contra los feminicidios, que en su país multiplican por cinco la media global de asesinatos de mujeres, según la OMS.

Su trabajo es su realidad como mujer negra y *queer*, pero también sobre la relación con la familia, con uno mismo, el amor, el dolor ante la pérdida de alguien, y la muerte. «Consuela saber que la gente encuentra algo en las palabras, y que cuentan con ellas para levantarse en tiempos difíciles», declaró en una entrevista.

Pensar en palabras y unirlas, contar historias, es lo que hace desde los 14 años: «Tenía claro que quería ser poeta, sabía que tenía que abrirme y ser valiente. La escuela del teatro fue el ambiente que me impulsó a decidir qué voz quería tener como artista».

24

Koyo Kouoh

Comisaria y productora cultural, camerunense

Vivió hasta los 13 años en su Camerún natal, luego emigró con su familia a Zúrich (Suiza), donde estudió Economía. En 1995 viajó a Dakar (Senegal) para entrevistar al director de cine Ousmane Sembène y descubrió que se quería dedicar a la cultura. Empezó por la literatura y el cine, luego la fotografía, para en 2008 lanzarse al proyecto RAW Material Company –centro de arte, sala de exposiciones, residencia de artistas y espacio de debate– en Dakar.

En 2019 llegó a Sudáfrica. Tras 20 años participando en bienales, comisariando y emprendiendo proyectos culturales, el Zeitz Museum of Contemporary Arts Africa, conocido como Zeitz Mocaa, de Ciudad del Cabo, es el lugar donde Kouoh está volcando todo su conocimiento como directora general y conservadora jefa.

Al tomar posesión del cargo recordó que sus obsesiones como comisaria, «las mujeres, la política, los artistas que crean universos, la diáspora, la idea de modernidad, y por supuesto, la digestión del colonialismo situando el acento en África del Sur», centrarían sus elecciones. De hecho, no ha dejado de batallar para que la representación de África quede lejos de las connotaciones negativas y peyorativas habituales. «Me interesan las historias y paradigmas que ofrecemos sobre nosotros mismos», explicó en agosto de 2023 al *New York Times* al referirse a artistas del continente y la diáspora que representan una «cultura expansiva».

El Mocaa se inauguró en 2017. Poco después dimitió su primer director, Mark Coetzee. El curador nigeriano Azu Nwagbogu ocupó el cargo de director interino hasta que la vitalidad de Koyo llegó como un torbellino para solventar la falta de casi todo: de un sistema de trabajo, de empleados, de fondos... Luego vino la pandemia y el museo cerró siete meses. «Había una urgencia de que volviera a la vida», sentenció Koyo, convencida de que lograría hacerlo. Para asegurarse de que desde el inicio de su mandato una media de 2.000 personas visitaran a diario el Mocaa, postergó la exhibición de obras de autores destacados como Tracey Rose u Otobong Nkanga y empezó con una convocatoria abierta a cualquier artista, amateur o profesional, de Ciudad del Cabo que quisiera compartir su trabajo. «Muchos sudafricanos tienen una barrera psicológica respecto a estos espacios de arte, pero nuestra propuesta los trajo hasta aquí, vinieron para contemplar sus propias obras en el museo». Luego abrió el espacio a residencias de artistas, debates y encuentros y creó un consejo global de asesores del Mocaa.

Su experiencia personal, social y educativa en África y Europa le permitió tomar la decisión de regresar al continente africano cuando tuvo a su primer hijo como madre soltera. «No me podía quedar en Europa, ese espacio tan saturado. Me había convertido en madre y no me podía imaginar criando a un niño negro allí», explicó sobre un momento decisivo de su vida. Después adoptó a tres niños más.

Se declara una «adicta consciente» a los zapatos, la ropa y la comida, aunque lo que la obsesiona es mostrar que en el continente africano hay un enorme «apoyo mutuo, generosidad y cuidado». Ella forma parte de una generación profesional que se declara «orgullosa de la belleza de la cultura africana».

25

Lala Kounta

Física y oceanógrafa, senegalesa

Obsesionada por el impacto ecológico provocado por el cambio climático, las olas de calor marino y los acontecimientos naturales extremos, es la primera doctora en Oceanografía Física y Ciencias del Clima de Senegal que, además, puede presumir de haberse educado entre la Universidad de Michigan (EE. UU.), la Sorbona de París (Francia) y la Cheikh Anta Diop de Dakar (Senegal).

Tomarle la temperatura al océano Atlántico para ser capaz de prevenir y suscitar la asunción de decisiones que frenen la grave degradación del entorno marino por el cambio climático es en lo que concentra su acción desde que en 2022 concluyó una estancia de seis meses en la Plataforma Oceánica de Canarias, conocida como PLOCAN, una infraestructura científica y tecnológica destinada a la investigación. «Un aumento de dos grados de la temperatura del mar significa que disminuyen los nutrientes y el pescado muere o migra buscando corrientes más frías y, por lo tanto, los pescadores faenan en vano», explicó al periódico *El País* en marzo de 2022.

Antes de su doctorado se licenció en Ciencias Físicas, y no dudó en sacrificar tiempo con su familia cuando aceptó la beca de la Fundación Mujeres Por África para participar en su programa «Ellas investigan». En ese tiempo, se concentró en su investigación principal, relacionada con el efecto del cambio climático y su impacto en las costas canarias. «La temperatura del océano afecta a toda la cadena trófica, desde el placton hasta las personas, creando un desequilibrio en el ecosistema marino y terrestre», añadió en la misma entrevista.

La oceanógrafa senegalesa es el ejemplo del nivel científico que se ha alcanzado en el continente africano, no solo por su capacidad de trabajo y persistencia, sino por el reconocimiento y valor que se está dando en el mundo académico a sus teorías y ensayos. El proyecto sobre el impacto de las olas de calor de la costa oeste africana en los ecosistemas marinos parte de unas hipótesis que empiezan a ser realidad en Senegal, como el hecho de que el océano se esté comiendo las costas del país y los peces estén huyendo de los caladeros, donde habitualmente eran apresados por los pescadores.

La obsesión por los datos y por contar con un registro lo más completo y fiable posible de la evolución de la temperatura del mar es lo que ha convertido a Kounta en un referente, que además está creando escuela a través de las clases que imparte como profesora asociada en la principal universidad de la capital senegalesa.

Observar las dinámicas de la circulación de las corrientes marinas entre Senegal y Mauritania, así como la variabilidad del clima, son las actividades en las que se concentra Lala Kounta en la actualidad en el Laboratorio de Física y Atmósfera Siméon Fongang de Dakar. «Quiero comprender el papel que juega el océano en las modulaciones locales y regionales del clima cuando se registran días calurosos, para ser capaz de predecir y ayudar a los que toman decisiones políticas a adaptarse a condiciones futuras», ha señalado la senegalesa.

26

Lalla-Zineb Mazouni-Mannix,

Arquitecta e interiorista, marroquí

La movilidad y el conocimiento de otras realidades sociales, culturales y académicas han protagonizado y condicionado la vida de la arquitecta y diseñadora de interiores marroquí Lalla-Zineb Mazouni-Mannix. A caballo entre su país natal y Francia, donde realizó gran parte de su formación, advierte en la página web de su estudio del impacto de esa dualidad: «He crecido entre dos culturas, dos horizontes que, para mí, son totalmente inseparables». Esta doble visión ha enriquecido su personalidad porque, según ella misma cuenta, «Marruecos representa mis raíces, mis valores, la luz, el color, la poesía, parte del sueño con el que vivo cada día. Francia, por otro lado, me ha enseñado disciplina, anticipación y cierto orden». «Oriente –concluye– me inspira y me encanta. Occidente me modera y crea mi equilibrio interior».

Después de completar la educación secundaria, Lalla-Zineb Mazouni-Mannix, decidió que la Escuela Nacional de Arquitectura de Nantes (Francia) era el mejor espacio para formarse académica y profesionalmente. Una vez licenciada en Arquitectura se matriculó en el Instituto de Diseño y Planificación Espacial de Burdeos (Francia), donde se graduó como interiorista con una especialización en diseño comercial y hotelero. Su paso por Francia se completó con estudios sobre Arte y Arquitectura Islámicos en la Universidad de Oxford (Reino Unido).

Desde que emprendió su actividad profesional en 2005, ha estado vinculada al mundo del lujo. El vicepresidente de Hermès, Xavier Guerrand-Hermès, la invitó a gestionar uno de los estudios de diseño de la marca dedicado a proyectos inmobiliarios en el país norteafricano. Dos años después, en 2007, abrió su propio estudio de arquitectura y diseño, que muy pronto se convirtió en uno de los más reputados del Magreb. «En mi proceso creativo –explica Lalla-Zineb–, me esfuerzo por sacar a la luz el saber hacer excepcional de la artesanía marroquí, con su riqueza de códigos y símbolos, y reescribir la historia en una visión moderna y universal del diseño». En sus creaciones mezcla sus raíces con el cosmopolitismo aprendido durante sus años de estudios en el extranjero. Esta convergencia de visiones se ha plasmado en proyectos firmados en París, Nueva York, Singapur, Dubái o Sydney, donde vive buena parte del año con su familia.

El perfil de Lalla-Zineb también incluye su trabajo en el Centro Euromediterráneo de Mediación y Arbitraje o su presencia activa en el mundo empresarial marroquí, donde ha ocupado, en dos ocasiones, la vicepresidencia regional de la Asociación de Mujeres Empresarias. Desde esta plataforma ha intentado promover la independencia intelectual y financiera de las emprendedoras de su país.

La diplomacia cultural es una de las últimas obsesiones de la arquitecta marroquí. No en vano, reconoce que «el arte y la cultura son activos sociales, económicos y políticos tangibles. A menudo demuestran ser canales efectivos de comunicación y mediación en diálogos interculturales e interreligiosos. También son el “poder blando” para la emancipación y liberación de mujeres en el mundo, particularmente en los países conservadores».

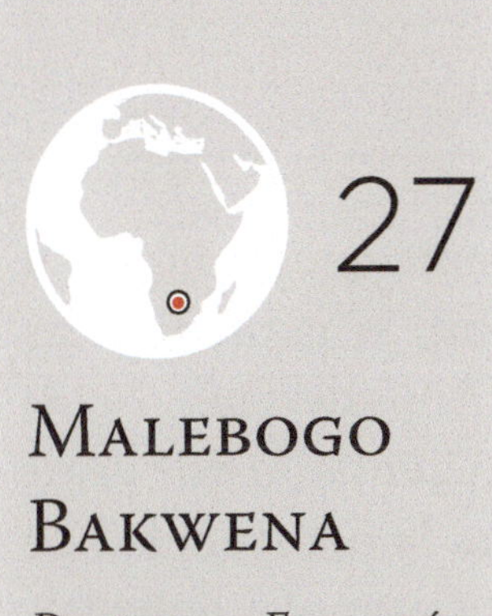

Malebogo Bakwena

Doctora en Economía, botsuana

En Botsuana se desarrolla el Servicio Nacional, un plan estatal que ofrece posibilidades de formación a jóvenes desempleados del país en los sectores industrial y comercial. Una de sus miles de beneficiarias fue Malebogo Bakwena.

Antes de adherirse al programa, Bakwena quería dedicarse a la biología o la pediatría. Sin embargo, las necesidades socioeconómicas de las que fue testigo en la aldea rural del distrito de Kgalagadi, donde estuvo destinada, la convencieron de que tenía que dedicarse a atajar el desempleo juvenil, la pobreza y las desigualdades de género. Años después, cuando en una entrevista le preguntaron qué cambiaría en su país si tuviera la oportunidad de hacerlo, su respuesta fue clara: «La desigualdad en cualquiera de sus manifestaciones».

El Servicio Nacional le recordó su paso por la escuela. «Había niños que faltaban a las clases porque no tenían zapatos en invierno o el uniforme completo. Muchos de mis compañeros dependían del programa de alimentación escolar para tener una comida nutritiva. Algunos tuvieron que abandonar la escuela», contó al portal digital nigeriano Pride.

Graduada en Economía y Estadística por la Universidad de Botsuana, máster en Economía y Finanzas por la Universidad de York (Reino Unido), Bakwena obtuvo el doctorado en Economía por la universidad australiana de Queensland. Su vínculo con el estudio y la investigación le ha llevado a desempeñar varios cargos en la Universidad de Botsuana, donde en la actualidad es jefa del Departamento de Economía. Junto a la docencia y la investigación, está muy implicada en la tutorización de alumnos. Este trabajo, en su opinión, «ayuda a infundirles confianza y coraje. Uno aprende de quienes lo han hecho antes. Personalmente, la tutoría me ayudó a ganar confianza en mi capacidad de liderazgo».

Más allá de las aulas, Malebogo Bakwena aporta su tiempo y sus conocimientos en algunas oenegés implantadas en su país, preside la Junta de la Autoridad de Competencia y Consumidores de Botsuana y forma parte de la Junta del Banco Central. Colaboradora en organismos internacionales, una de sus últimas investigaciones para la Organización de Naciones Unidas para la Población y la Organización Internacional del Trabajo versaba sobre políticas para abordar el desempleo juvenil.

Bakwena considera que en los últimos tiempos ha aumentado la presencia de mujeres en puestos de liderazgo en su país. «Sin embargo, en mi opinión, todavía hay margen de mejora tanto en Botsuana en particular como en África en general. Un ejemplo evidente es la esfera política, donde, en mi país, las mujeres representan menos del 10 % de los miembros del Parlamento». En este sentido, la economista reconoce que tienen una ingente tarea por delante, ya que «la sociedad africana siempre se apresura a recordar a las mujeres su género y espera que estas se comporten de un modo determinado».

Sin embargo, y a través de su propia experiencia, Bakwena apunta dos sencillos ingredientes para alcanzar las más altas metas académicas y profesionales. La primera, «sé auténtica», y la segunda, «mira a tus homólogos masculinos como parejas, no como rivales. Pedir ayuda no te hace débil o incompetente y, en cambio, demuestra que eres humana y tienes hambre de aprender».

28

Malenga Mulendema

Artista y creadora de dibujos animados, zambiana

Su sueño no solo se ha hecho realidad, sino que no ha dejado de crecer. «No me veía nunca representada en la pantalla, ni tampoco mi ciudad ni mi entorno. No tenían mi apariencia ni mi forma de hablar o de actuar», explica Malenga Mulendema en un vídeo de la empresa de dibujos animados sudafricana Triggerfish Story Lab después de que su proyecto fuera seleccionado, entre 1.400 propuestas, como uno de los mejores del certamen de talentos panafricanos organizado por Triggerfish y la empresa Disney en 2015.

Mama K´s Team 4, también conocida como *MKT4,* es la primera serie de dibujos animados africanos que compró la plataforma Netflix –estrenada en 2023–, así como la primera creación de la joven dibujante zambiana. Mulendema da vida en la serie a cuatro poderosas adolescentes africanas que se identifican con diferentes causas y que son reclutadas por un agente secreto jubilado que las enviará a misiones para salvar el mundo, teniendo siempre en cuenta el presupuesto del que disponen. Una de las características de *MKT4* es la consistencia de los personajes y el entramado de historias, que pretende convertirse en un referente para combatir estereotipos sobre lo que piensan o cómo actúan las jóvenes africanas.

La trama transcurre en una Lusaka –capital de Zambia– futurista que Mulendema también cuenta con detalle. «Mi mayor desafío fue convencerme de que pertenezco a este mundo animado porque todo era muy nuevo para mí. Y lo logré porque confié en que yo entendía la historia, lo que quería contar. En los momentos de pánico me autoconvencía de que sabría cómo hacerlo», explicó durante el proceso de selección de otras mujeres dibujantes –que puso en marcha Neflix en Zambi– para desarrollar la producción de *MKT4.* «Estamos entusiasmados con la presentación de esta poderosa y divertida serie de dibujos animados a la que da vida la visión única e increíble de Malenga», explicó Melissa Cobb, vicepresidenta de series de dibujos animados originales de la plataforma de entretenimiento *online.*

Hizo un curso de animación en Triggerfish en el que recibió clases de especialistas de Disney con los que la empresa sudafricana ha trabajado en películas como *Khumba* o *Advetures in Zambezia,* y luego tuvo la oportunidad de conocer la factoría Disney para empaparse de creaciones que han triunfado.

Creció viendo series de superhéroes, el género que sigue siendo su favorito. «Lo que he aprendido creando *MKT4* y viendo dibujos animados es que cualquiera puede ser un superhéroe o una superheroína, y que solo con un pequeño "suplemento" se pueden llegar a hacer grandes cosas», fue la reflexión que hizo Mulendema antes de preguntarse por qué esos personajes no se parecían nunca a ella ni procedían de cualquier lugar. Esa fuerte convicción con la que habla de su creación es lo que convenció a Neflix para que las *MKT4* sean la oportunidad de que las nuevas generaciones de niños y niñas africanos aspiren a convertirse en personas con confianza en sí mismos, independientemente de los recursos económicos a los que accedan.

Reservada pero consciente de que tiene la posibilidad de cambiar viejas percepciones, Mulendema confía en el entusiasmo que le genera que «la historia y los personajes estén bien trabajados».

29

Malika Louback

Ingeniera y modelo, yibutiana

No es difícil –de hecho es bastante asequible– encontrar referencias de Malika Louback en Internet. En un porcentaje abrumador de los casos, las búsquedas vinculan a contenidos en los que la yibutiana aparece vistiendo, calzando o portando productos de algunas de las mejores firmas de moda, cosmética o joyería del planeta. Su nombre también aparece vinculado a agencias de modelos de Nueva York, Milán, Londres, Barcelona o París.

«No soy etíope, soy yibutiana». Esta fue una de las frecuentes matizaciones que tuvo que hacer cuando comenzó a trabajar como modelo. Y así, a base de insistir, logró colocar su país –uno de los más codiciados estratégicamente del continente– en la mente de sus compañeros del gremio. De hecho, su nacionalidad es casi como su apellido. Cuando le preguntan por su profesión, dice sin dudar que es «ingeniera y modelo de Yibuti». Ahora, consolidada como una de las estrellas de las pasarelas, sonríe al recordar aquellos momentos en los que «todo el mundo se preguntaba quién era esa chica».

A pesar del renombre adquirido en unos pocos años, su llegada al mundo de las pasarelas y la moda fue tardío para lo que suele ser habitual, donde las modelos despuntan a edades casi adolescentes. Sin embargo, ella se incorporó a los 27 años, después de haber obtenido tres títulos universitarios: un diploma tecnológico en Ingeniería Industrial, una licenciatura en Física por la Universidad de Saint-Étienne, y una Ingeniería de Materiales y Superfices por la Universidad de Lyon, ciudad en la que vivía con sus hermanas, Sonia y Marie-Aswan. Más tarde se trasladaría a París.

Con su trabajo y sus declaraciones, Louback trata de acercar las dos orillas en las que se mueve, la ingeniería y la moda. De hecho, según ella misma ha manifestado en alguna entrevista, «diría que se complementan entre sí. Seis años de estudio me han enseñado a desarrollar la capacidad de análisis y observación, a estudiar el proceso de las cosas hasta el más mínimo detalle».

Aunque sería más sencillo insistir en el mundo de las pasarelas, Louback pone en valor su faceta académica, en la que se nota la influencia directa de sus progenitores. Su padre, ingeniero hidráulico, sembró en ella el interés por la ciencia –siempre soñó con ser «tan inteligente como papá», se recoge en un perfil de Louback publicado en *Jeune Afrique*–, mientras que la figura de su madre tiene mucho más que ver con el compromiso de la supermodelo en mejorar la situación en su tierra natal. Embajadora de su país, Moumina Houmed Hassan, la madre de Malika, trabajó como ministra de la Mujer en Yibuti entre 2016 y 2022 y, antes, en UNICEF y la Organización Mundial de la Salud.

Residente en la capital francesa desde que arrancó su carrera profesional como modelo, habla de *El alquimista* de Paulo Coelho como uno de sus libros favoritos, señala a *El ruiseñor* como una de sus películas preferidas y, antes de la pandemia, apuntaba a Cabo Verde como un destino turístico deseado. Precisamente durante el confinamiento fue entrevistada por la revista *5 eleven*, y reconoció que «debemos cultivar nuestra felicidad desde dentro y estar satisfechos con lo que tenemos, en lugar de centrarnos en lo que tiene o ha hecho el prójimo».

30

Marie Korsaga

Astrofísica, burkinesa

La afroamericana Katherine Johnson no lo tuvo fácil. A pesar de que en su Virginia natal las leyes racistas impedían a las niñas como ella estudiar más allá de los 14 años, se convirtió en una de las matemáticas más prestigiosas del mundo, con un reconocido protagonismo en el cálculo de la trayectoria del Apolo 11 a la Luna.

68 años después que Johnson, Marie Korsaga nació en Méguet (Burkina Faso). Su inquietud por la astrofísica quedó patente durante

su infancia. Al leer algunas de sus declaraciones –«Los padres deben animar a sus hijas a interesarse por los fenómenos del universo y ayudarnos a esclarecer sus misterios», dijo a Space4ourplanet–, no es difícil imaginar a la pequeña Marie preguntando a sus progenitores por el origen del universo, los eclipses o la aparición de la vida en la Tierra. «¿Cómo no lo vais a saber si sois mis padres?», podemos intuir que retaba a sus progenitores después de ponerlos en la picota de la duda.

Su interés por la astrofísica se topó con la imposibilidad de cursar estos estudios en su país, por lo que se decidió por Matemáticas y Física. Sin embargo, en medio de ese itinerario académico, un cambio de planes de estudio en la universidad amplió la oferta docente con un curso de Física Aplicada, con opción a Astrofísica. Y allá que fue. Sus primeras investigaciones se centraron en las enanas marrones, unos cuerpos celestes –de brillo tenue y volumen similar al de Júpiter– situados entre las estrellas y los planetas. Después de obtener su Diploma de Estudios Avanzados en la Universidad Joseph Ki-Zerbo de Uagadugú, continuó sus estudios en el Laboratorio de Astrofísica de Marsella y la sudafricana Universidad de Ciudad del Cabo, instituciones que la guiaron en su tesis sobre materias oscuras y luminosas en galaxias irregulares. Con ese trabajo se convirtió en la primera doctora en Astrofísica de África occidental, reconocimiento que le dejó un sabor agridulce: «Fue una sorpresa para mí tener este "título", aunque también he de decir que no es muy halagador», dijo en una entrevista a Afriquedufutur. Esa punzada de descontento tenía que ver con la desigualdad en el acceso de las mujeres a las carreras científicas.

El techo, que Korsaga no sabía todavía si era o no de cristal, se lo pusieron al entrar en la universidad. «Cuando me matriculé en Matemáticas y Física, tuve que enfrentarme a personas que me decían: "Será demasiado difícil para ti, tendrás dificultades para lograrlo y nunca harás una carrera". Pero también me dijeron que estaría soltera toda mi vida porque ningún hombre querría casarse con una mujer que trabaja en el campo de la ciencia», recordó al portal Space4ourplanet. Su trayectoria advierte a los agoreros que sus predicciones fueron erróneas. En la actualidad, es profesora en la Joseph Ki-Zerbo, donde comenzó todo, y sus investigaciones le valieron, en 2022, el reconocimiento de la Red Africana de Mujeres en Astronomía, que le concedió el premio a la mejor carrera desarrollada por una investigadora joven.

Además, desde 2022, la burkinesa es una de las 12 astrofísicas homenajeadas en el Reloj de Sol Hipatia de Alejandría, que se encuentra en la explanada del Planetario de Huesca. Allí está, ¿junto a quién? Pues, entre otras, junto a Katherine Johnson, la afroamericana que marcó la senda del Apolo 11 y de otras tantas mujeres que han querido seguir sus pasos.

31

Maryse Quashie

Psicóloga y colaboradora en prensa, francotogolesa

La presencia de Maryse Adjo Mawutohou Quashie en medios de comunicación en los últimos años –donde es frecuente leer su opinión sobre cuestiones relevantes en su país, en África o acerca del devenir de la Iglesia en el continente– ha eclipsado el compromiso de la francotogolesa por mejorar las condiciones de vida de sus conciudadanos. Ella misma señaló a *La Croix Africa* que «lo que motiva mi compromiso es que, a diferencia de Caín, me siento "la guardiana de mi hermano". Mientras haya alguien que sufre, estoy preocupada y me comprometo a luchar contra ese sufrimiento». Uno de sus colaboradores, Roger Folikoué, profesor de la Universidad de Lomé, ratifica esta afirmación: «Aprecio de Maryse que su compromiso cristiano va acompañado de un compromiso cívico».

Nacida en la localidad francesa de Reims (Francia) el 13 de agosto de 1951, Maryse Quashie es licenciada en Psicología y doctora en Ciencias de la Educación por la Universidad de París (Francia). Su actividad se ha centrado, sobre todo, en la mejora del sistema educativo togolés, donde ha trabajado en la Escuela Normal Superior de Atakamé, en el Instituto Nacional de Ciencias de la Educación y en la propia Universidad de Lomé, la capital, centro por el que también es doctora. En el ámbito continental, ha sido secretaria general de la Red para la Excelencia en la Educación Superior en África Occidental. Estas responsabilidades se mezclan con otras iniciativas de menor repercusión, pero no menos importantes, como la organización de talleres educativos en el Instituto Don Bosco de Lomé o su compromiso con la capellanía católica de la universidad a través de la revista *Le Grain de Sénévé.*

Esta cercanía con el trabajo de la Iglesia católica no está exenta de un honesto y arraigado sentido crítico, como el que mostró en noviembre del año 2023 en *La Croix* cuando, después de la visita *ad limina* del episcopado togolés, la francotogolesa reconoció que «está claro que [episcopado, clero y laicos] no trabajamos por los mismos objetivos», y que cuando «todos los miembros de una Iglesia particular no tienen la misma prioridad, su barco tendrá grandes dificultades para avanzar».

Contundente en sus convicciones, la situación de Togo la llevó en 1989, cuando el país se encontraba todavía bajo un régimen de partido único, a impulsar la fundación de la Liga Togolesa de Derechos Humanos, o a participar en 1991 en la Conferencia Nacional en la que el espectro político togolés se abrió a otras formaciones. Años después, en 2018, se comprometió con el Movimiento de Fuerzas Vivas Esperanza para Togo, una organización de la sociedad civil –de la que es portavoz– comprometida con la libertad y la justicia en el país.

Con crisis de fe que le hicieron abandonar la Iglesia durante un tiempo, ha reconocido que volvió a ella «gracias a interrogantes que surgieron a lo largo de mi infancia y mi adolescencia», y que «en realidad, no sé cómo respondí a esas cuestiones, pero lo que tengo claro es que todo lo que recibí del Señor es para ponerlo al servicio de los demás».

32

Mércia Viriato Licá

Política y activista, mozambiqueña

El 13 de enero de 2020 arrancaba la novena legislatura en Mozambique. Los 250 cargos electos tomaron posesión de sus escaños. Todo transcurrió dentro de una normalidad rota por Mércia Viriato Licá. Con solo 24 años, esta licenciada en Derecho por la Universidad Pedagógica de Maputo se convertía en la parlamentaria más joven en la historia del país.

La atención no solo se centró en ella por su juventud: debido a una discapacidad congénita, nació sin brazos. Escribir, manejar el ordenador o encender la luz en la habitación de su casa son acciones que realiza con los pies. Lo que es ordinario para ella se ha convertido en extraordinario para los demás, a pesar de lo cual insiste en reconocer que no se siente diferente «y mucho menos especial».

La fortaleza demostrada a lo largo de su vida la ha convertido en toda una referencia para las personas que, como ella, padecen alguna discapacidad física. Cuando Mércia Viriato asumió su cargo, la activista mozambiqueña Benilde Mourana señaló que esperaba que «no sea una diputada más, sino que lleve al Parlamento las preocupaciones reales de las personas con discapacidad, y que esa ola de inclusión se extienda a otros sectores claves en el área de la discapacidad».

De momento, la diputada ya dejó constancia de que su prioridad para la legislatura sería la formación. Después de recoger el acta de su escaño, la mozambiqueña señaló que esperaba contribuir al desarrollo del país «a través de la educación. Quiero alentar a los jóvenes a que nunca dejen de estudiar, porque la educación es el camino en la vida». Y eso lo dice quien en un reportaje de *Voice of America* titulado *«Mércia, de menina renegada a deputada»* (Mércia, de niña rebelde a diputada) aparece sentada en el suelo de la escuela, con ocho o nueve años, junto a sus compañeros, inclinada sobre unas hojas a medio escribir y empuñando un bolígrafo azul con los dedos de su pie derecho. En 2003, cuando su madre fue a matricularla en la escuela primaria, los responsables del centro le recomendaron que fuera a un colegio especial. Como no tenían recursos para asumir ese coste, se incorporó a las clases como una alumna más. Y comenzó a escribir con su pie. Años después, en una entrevista reconocía que «hasta ahora me pregunto por qué debería haber ido a una escuela especial».

Abandonada por su padre cuando apenas era un bebé, Mércia Viriato creció bajo la única tutela de su madre, con la que todavía vive. Sin embargo, como ella misma señala, ha querido que cada dificultad se transformara en una oportunidad y en un obstáculo que salvar. Si algo explica su presencia en la Cámara de Representantes es su tenacidad, que la llevó a dirigirse al presidente del país, Filipe Nyussi, a través de Facebook. Por medio de la red social le pidió que hiciera lo posible por facilitar las condiciones de vida y el acceso a la educación a las personas con discapacidad. Nyussi la retó a que ella misma colaborara en la tarea a través de la política. Viriato Licá asumió el reto, se presentó por la provincia de Tete y alcanzó el objetivo.

Quién sabe si los autores del reportaje citado líneas arriba jugaban en el titular con la adscripción política de Mércia, diputada por el FRELIMO, el partido de Samora Machel, el hombre que culminó la independencia mozambiqueña. Pero Viriato Licá solo pretende continuar con la revolución más silenciosa y eficaz que han conocido todos los pueblos: la de la educación.

33

Mina

Cantante y activista, senegalesa

Lo tenía todo en contra. Educada en una familia tradicional senegalesa, cuando Aminata Gaye –Mina, la Velada es su nombre artístico– se dio cuenta de que la música la convertía en una persona segura de sí misma y capaz de luchar por sus sueños, de creer que es posible cambiar la realidad, supo que no había marcha atrás.

«No me escondo. No se me puede manipular con facilidad. Lo que tengo en mi cabeza es lo que seré, nadie puede pararme», explicaba en una entrevista en la BBC en 2019. Mina lleva velo desde que era una niña, forma parte de su identidad y está orgullosa de una prenda que a menudo está rodeada de controversia. Alega que de la misma manera que hay raperos que llevan gafas, una gorra o que se rasuran el cabello, la indumentaria con la que ella se siente cómoda incluye el velo.

«En mis primeros tres sencillos conté mi historia, lo que significa para mí llevar el velo, el rechazo que sentí por dedicarme a la música. Todos me pedían que me quitase el velo porque aseguraban que era incompatible con la música», continúa con gesto serio y sin dudar ni un segundo de haber tomado el camino correcto.

La fuerza tanto en el mensaje como en el ritmo del rap y el hiphop que practica también como miembro del grupo Genji, hacen que su carácter y determinación se multipliquen cuando sube a un escenario. Asegura que se siente poderosa, feliz, capaz de cualquier cosa porque las palabras que pronuncia pueden cambiar las injusticias y situaciones de desprotección que viven las mujeres. Se ha convertido en una activista de los derechos de la mujer por accidente, y deja que el contenido de sus canciones le lleve a denunciar los matrimonios precoces, la ablación, el no tener derecho a tomar la palabra ni a manifestar alegría con libertad, o la violación física y verbal. «La vergüenza debe cambiar de bando. Es la persona que viola la que debe sentir vergüenza y esconderse. No es la víctima quien debe renunciar a tener una vida», sentencia en una nueva reflexión que está inspirando a muchas mujeres, sobre todo a las que llevan velo, cada vez más numerosas en sus conciertos. «Siento que esas mujeres están consiguiendo vivir su vida con plenitud».

Mina se casó con un rapero en 2018. Decidió dar el paso porque su marido entendió su pasión por la música y no le pone problemas a que regrese a casa de madrugada después de dar un concierto y se levante pasado el mediodía. Tanto su familia –que dejó de insistir en que se dedicase a otra cosa cuando constataron que todos los intentos para que lo hiciera fueron en balde– como la de su marido comprenden el lugar que la música ocupa en su vida. «Paso dos o tres días en casa de mi marido y luego regreso a la mía. Soy rapera, es parte de mí».

Se ha convertido en una de las caras más reconocidas del hiphop femenino en Senegal, a pesar de las amenazas que relata con una natural incomprensión: «Me han llegado a decir que soy la encarnación de Satán y que lo que quiero es estropear la religión».

Pero Mina no ha tirado nunca la toalla y desde muy temprano comprendió que los que la critican no entienden el discurso que vehicula. Ella tiene el poder de creer en sus sueños y eso es lo que transmite a los que escuchan sus canciones: «El poder de las chicas y las mujeres no para, siempre hemos sido fuertes, hemos feminizado el rap». Es el *estilo Mina.*

34

Mphilene Pearl Sithole

Antropóloga social, sudafricana

En sus 30 años de historia, que se cumplieron el 1 de enero de 2024, la Pontificia Academia de las Ciencias Sociales ha reflexionado sobre temas como trabajo y empleo, democracia, globalización, caridad, solidaridad, derechos humanos o libertad religiosa a través del Magisterio Social de la Iglesia. Cuando el papa Juan Pablo II la creó, Mphilene Pearl Sithole tenía 21 años y sus principales logros académicos y profesionales estaban todavía por venir. Ese año, 1994,

Sudáfrica emprendía el camino de la libertad. Después de su salida de la cárcel en 1990, Nelson Mandela ganaba las elecciones con las que se convirtió en el primer presidente negro del país y daba por cerrado legalmente el *apartheid*.

Era un momento histórico para la nación del África austral, pero faltaba mucho para que los caminos de la institución vaticana y de la antropóloga social sudafricana (nacida el 6 de diciembre de 1972) llegaran a converger. Eso sucedió en el mes de agosto de 2021, cuando fue nombrada miembro ordinario de la Academia –como especialista en antropología y desarrollo comunitario– junto a la catedrática de Astrofísica Molecular neerlandesa Ewine Fleur van Dishoeck. Uno de sus primeros trabajos tuvo que ver con el impacto que había tenido la COVID-19 en las familias africanas. Sin embargo, Sithole aprovechó la coyuntura para realizar una denuncia de mucho mayor calado, la de la influencia que la presencia occidental y el desigual sistema económico impuesto ha tenido sobre la estructura familiar en el continente: «La evolución social del capitalismo y el colonialismo ya le habían quitado a sus padres a los niños africanos. Generaciones enteras han sido criadas por padres a tiempo parcial y mediante soluciones improvisadas entre miembros de las familias».

El nombramiento de Mphilene culminó un trabajo que comenzó a sobresalir tras su graduación en la Universidad de Durban-Westville, después de la cual se trasladó a Reino Unido para continuar con su formación. Allí completó un máster y se doctoró en Filosofía en Cambridge. En 2011 ganó el Premio a la Mujer Joven Distinguida en Ciencias, galardón concedido por el Departamento de Ciencia sudafricano.

Comprometida con su país, a su regreso de tierras británicas trabajó en desarrollo rural y en la gestión de políticas en el Consejo sudafricano de Investigación de Ciencias Humanas. Muy vinculada a la docencia, comenzó a impartir Antropología en las universidades de Durban y KwaZulu-Natal. Desde 2019 es catedrática en la también sudafricana Universidad de Free State.

Mphilene Pearl Sithole es autora de numerosos libros y artículos científicos. En uno de ellos, publicado en 2020, abordaba el problema del reparto de la tierra, una de las históricas reivindicaciones de la población negra sudafricana durante y después del *apartheid*. Editora asociada de la *Revista Sudafricana de Ciencias,* en julio del año 2009 fue designada para formar parte de la Comisión Independiente para la Remuneración de los Funcionarios Públicos, cargo que ocupó durante cinco años.

35

Musu Bakoto Sawo

Defensora de los derechos de la mujer, gambiana

Con cinco o seis años –no lo recuerda bien–, los padres de Musu Bakoto Sawo (Gambia, 1990) la llevaron a casa de su abuela. Allí pasó a engrosar la lista de las gambianas que han sufrido la mutilación genital femenina (MGF), que algunas estadísticas elevan al 76 % de las mujeres de este pequeño país de África occidental de 2,3 millones de habitantes.

Cuando le concedieron el Premio Daily Trust African of the Year, esta joven abogada contó que «cuando salí del pueblo y volví a casa, fui a la escuela orgullosa porque me dijeron que estaba más limpia, que era mejor que las otras chicas que no habían pasado por la MGF. En aquel momento pensé que estaba bien». Tuvo clara la percepción del daño causado con el nacimiento de su primer hijo. Tardó tres días en dar a luz.

Aunque la vida parecía correr demasiado para aquella pequeña que despuntaba en el colegio –«una de mis profesoras en la escuela primaria vio que tenía potencial y me eligió para representar a mi escuela en concursos de oratoria, debates y otras actividades»–, el ritmo marcado no era diferente al de muchas otras niñas, jóvenes y mujeres de su país. Si había entrado a formar parte de la normalidad con la precoz MGF, haría lo propio a los 14 años en el conteo de los matrimonios infantiles. A esa edad la forzaron a casarse con un hombre que casi le doblaba la edad.

En aquella época, con un activismo impetuoso y juvenil ya más que evidente, sus familiares querían que dejara de lado su incipiente defensa de los derechos de las niñas y adolescentes. Además, le pedían que abandonara los estudios. Se opuso a ambas cosas. «No quería ser como mi madre, aunque ella era una mujer absolutamente increíble y un gran ser humano..., pero se rindió». Rendirse, para Musu Bakoto, era acatar las reglas, aunque fueran injustas, y resignarse a no ser protagonista de su propia vida. Por eso se propuso cambiar las cosas. Y la mutación comenzó por ella misma. «No podía cambiar el hecho de que estaba casada», pero trataría de convencer a su familia política para seguir estudiando y continuar con su activismo a favor de las mujeres. Sin embargo, la vida volvió a recolocar las piezas sobre su tablero particular. Enviudó –sin herencia– cuatro años después de su forzado y juvenil matrimonio.

Uno de los campos en los que insistió fue en el estudio del islam «inspirándome en mujeres islámicas excelentes que habían aprovechado nuestros textos sagrados para promover los derechos de las mujeres».

Su experiencia y tenacidad han llevado a Sawo a completar la licenciatura en Derecho por la Universidad de Gambia, donde imparte clases, y un máster en Derechos Humanos y Democratización en África en la Universidad de Pretoria (Sudáfrica). Merecedora de algunos premios nacionales e internacionales –en 2018 fue reconocida como una de los 100 jóvenes más influyentes de África occidental y recibió el Inspiring Gambian Award–, lo que habría que destacar de su biografía, aunque no brille tanto como los galardones, es el trabajo sordo que condujo a la abolición en Gambia, en 2015 y 2016, de la mutilación genital y el matrimonio infantil. «Lucho para que ninguna chica tenga que experimentar la misma situación por la que yo pasé», ha dicho. Y no hay duda de que es un camino del que no se ha apartado.

36

Ndeye Cissé

Percusionista y miembro del grupo Jigeen Ñi, senegalesa

Hay que imaginar un círculo con personas que se miran a los ojos y gesticulan mientras siguen el ritmo frenético de sus *yembés*, un instrumento de percusión africana que pertenece a la familia de los membranófobos y que tiene su origen en el Imperio mandinga. La tradición apunta que eran tocados por los numus, los herreros –a los que se les atribuían poderes–, que participaban en las ceremonias de iniciación a la edad adulta. A menudo, alguno se desmarca para hacer un solo con el que reta a los demás. Es una demostración de poder y resistencia en la que Ndeye Cissé (Senegal, 1978) se coló de forma profesional a los 18 años. «Hay hombres que se sienten intimidados y cohibidos al ver a una mujer tocando el *yembé,* les impresionan, porque siempre se relaciona este instrumento con la fuerza masculina. Sienten complejo al ver a una mujer que toque tan bien como ellos», explicó a la periodista Alicia Justo en una entrevista que publicó eldiario.es en enero de 2020.

Empezó a tocar el *yembé* con 8 años. Su hermano fue una figura relevante en sus inicios –«su cómplice, su inspiración»–, porque no la vio nunca como una mujer tocando el *yembé,* sino como un músico haciéndolo. El ambiente masculino marcó su infancia, en la que además de observar la habilidad con la que su hermano hacía música con botellas de plástico y la invitaba a probar, también se unió a la hinchada de un equipo de fútbol de barrio en Dakar, convirtiéndose en la única chica y a la que llegaron a considerar como la mejor seguidora del equipo. «Al principio íbamos a animar, pero cuando vimos que podía ser un trabajo, la asociación se convirtió en un grupo musical profesional, y así nació Djembe Rythme». Fue su debut en giras internacionales, acompañando incluso a la selección senegalesa de fútbol (en el Mundial de Corea del Sur y Japón). Más adelante, formó parte de los músicos que tocan con Youssou n'Dour, el popular cantante y compositor de música *mbalax*, en la que se mezclan instrumentos tradicionales y europeos.

Feminista sin necesidad de proclamarlo, Cissé está convencida de que «en algún momento se producirá un cambio, y las mujeres y los hombres compartirán la zona de éxito». Mientras tanto, está orgullosa de pertenecer a Jigeen Ñi, el primer grupo senegalés compuesto íntegramente por mujeres. En la página de Facebbok del grupo, un vídeo en bucle muestra la calidad del las intérpretes y los mensajes de sus canciones, con los que ya se han convertido en una referencia en la sensibilización nacional hacia la igualdad de género.

Cissé es un ejemplo para las jóvenes que, de forma tímida y con temor a expresarse tocándolos, se acercan a un *yembé* o un *sabar*. Por eso ha decidido vivir en su país junto a su madre y dar clases de percusión a un grupo de alumnas con las que espera que, poco a poco, se normalice que una mujer pueda «tener amor y pasión por estos instrumentos». Les aconseja que «crean en sí mismas y que sean conscientes de que es un trabajo que implica sacrificios», sin perder la sonrisa y el ritmo innato que contagia con su *yembé.*

Cissé ya forma parte del cambio que ella espera que se produzca algún día. Hace mucho tiempo que no se achantó cuando le retaron con una combinación de sonidos que fue capaz de superar.

37

Neema Mduma

Doctora en Ciencias e Ingeniería de la Información, tanzana

La revista digital The continental approach tiene una sección, «300 segundos», en la que, de forma muy concisa, se entrevista a africanos jóvenes que están protagonizando procesos de transformación social, política o económica. La tanzana Neema Mduma ha pasado por allí y, como carta de presentación, ha dicho que es «profesora de la Institución Africana de Ciencia y Tecnología Nelson Mandela en Arusha, Tanzania, y fundadora de la iniciativa BakiShule». Por economía de tiempo y espacio, Mduma no ha necesitado más de 20 palabras para concretar esos dos escenarios en los que deja ver su trabajo.

Su opción por la ciencia y la tecnología es una derivada de su vocación infantil, las matemáticas, donde destacaba en Primaria y Secundaria. La observación de la realidad –«Me di cuenta de que el mundo se está moviendo hacia una economía digital donde la ciencia y la tecnología, en particular la informática, serán su motor principal»– le hizo virar hacia esta última y, de manera más precisa, hacia el aprendizaje automático y la inteligencia artificial. En este camino, en el que no faltaron obstáculos, Mduma destaca cuatro figuras fundamentales: sus padres y dos profesores, Burton Mwamila y Dina Machuve. «Ellos –dice– jugaron un papel muy importante al creer en mí, fueron críticos conmigo, pero me ayudaron a levantarme cuando caí. Me dieron un muy buen ejemplo a seguir para apoyar a otros, especialmente a las niñas, a alcanzar sus metas», comentó en un entrevista en *The Citizen*.

Aunque simbólica, una de sus caídas tuvo lugar cuando fue consciente de que las carreras científicas estaban copadas por alumnos. En aquellas aulas abiertas al conocimiento, la ausencia de mujeres era elocuente. «El techo de cristal es uno de los mayores desafíos que impide que muchas mujeres alcancen sus metas académicas y profesionales. Es normal encontrarse con personas que dudan de las capacidades de una mujer más cualificada en una determinada posición de gerencia o liderazgo simplemente por su género», señaló Mduma en esa entrevista, en la que advertía que esa cultura «se ha abierto camino desde el ámbito familiar hacia las empresas».

Este entorno –muchas veces hostil para las chicas que desean emprender un camino formativo y profesional en igualdad de condiciones que sus compañeros varones– se explica no solo por la reflexión de Mduma, sino también por los datos de abandono escolar en el continente africano, mucho mayor en ellas que en ellos. En este contexto es donde aparece BakiShule, que pretende replicar lo que Burton Mwamila y Dina Machuve hicieron con ella en su momento: animarla a continuar, sortear las barreras y terminar con las dificultades que tienen muchas jóvenes para proseguir con sus estudios, especialmente aquellas que optan por carreras científicas. «Las mujeres necesitan demostrar que la comunidad está equivocada. Siempre que tengan la oportunidad de liderar, deben demostrarle al mundo que pueden hacerlo. A partir de aquí, aunque lentamente, la gente cambiará su percepción. La confianza en sí mismas, el trabajo duro y el apoyo de otras mujeres ayudarán a las mujeres a sobresalir en el liderazgo».

Neema Mduma se doctoró en 2020 en Ciencias e Ingeniería de la Información y la Comunicación, año en el que fue reconocida por L'Oréal-UNESCO como uno de los principales talentos africanos del momento.

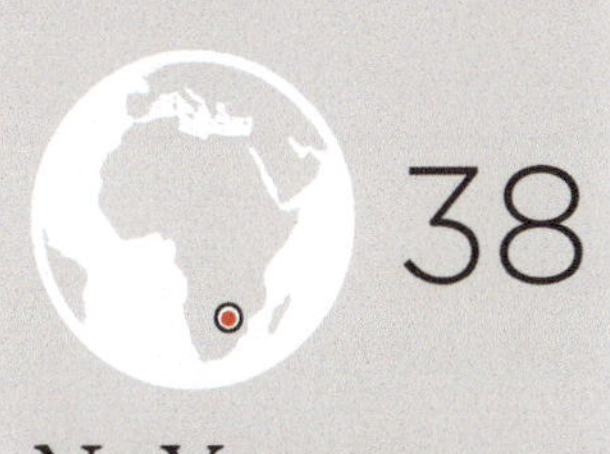

38

NoViolet Bulawayo

Escritora, zimbabuense

Elizabeth Zandile Tshele nació en el departamento de Tsholotsho (Zimbabue) el 12 de octubre de 1981. Conocida en el mundo literario como NoViolet Bulawayo –el nombre recuerda a su madre, que murió cuando ella tenía solo 18 meses, y la ciudad en la que se crio, la segunda más grande de Zimbabue, después de Harare–, su todavía breve carrera literaria, con apenas dos libros publicados, *Necesitamos nombres nuevos* (2013) y *Gloria* (2022), ha cogido vuelo desde el principio por su capacidad para describir, explicar y recrear las dificultades, sufrimientos, alegrías y sinsabores de un país que mutó, en pocos años, de colonia británica a prometedora nación independiente –de la mano de un entonces ilusionante Robert Mugabe–, para caer en un estado en el que la represión –con la Operación Gukurahundi, liderada por el Ejército, en la que se eliminó a cerca de 20.000 ciudadanos considerados peligrosos para el régimen–, la pobreza, la hiperinflación o el desgaste llevaron a la desilusión y a la emigración a buena parte de la población.

Estos temas, permanentes en la literatura de Bulawayo, son también una forma de posicionarse ante la realidad de su país natal: «La crítica es totalmente intencionada. En el tiempo en el que vivimos creo que no ser activista no es una opción. Sobre todo si contamos historias de gente vulnerable», señalaba en una entrevista concedida a *El País* cuando se publicó en castellano *Necesitamos nombres nuevos.*

La denuncia se revestía en esta novela, entre otras artimañas, de un sencillo entretenimiento infantil. Bastardo, Sabediós, Chipo, Stina o Darling, algunos de sus protagonistas, jugaban a ser países, y los ganadores elegían a EE. UU., Suiza o Canadá –destinos de buena parte de la emigración procedente de la nación austral–

como recompensa por la victoria, mientras que los perdedores encarnaban a Sudáfrica, Botsuana o Tanzania. En la vida real, los que se quedaban en el Zimbabue poscolonial sufrían a un Mugabe cada vez más despótico, mientras que los que se marchaban, como la propia Bulawayo –salió a los 18 años hacia Estados Unidos para completar su formación académica y arrancar su carrera literaria–, se encontraban con un contexto muy alejado de los ideales, los mitos y los sueños que albergaban antes de emprender el proyecto migratorio.

Aquel trabajo iniciático la colocó en la lista de finalistas del Premio Man Booker 2013, que la tuvo en cuenta como la primera africana negra en disposición de obtener el galardón. Ese no llegó a sus vitrinas, cosa que sí sucedió con el Caine (2011) por su cuento *Hitting Budapest,* el Etisalat de Literatura o el concedido por la Hemingway Foundation. Además de sus clases en la Universidad de Cornwell, entre 2014 y 2018 formó parte de la iniciativa literaria panafricana Writivism. Cuatro años después de dejar ese proyecto volvió a la carga con *Gloria,* trabajo con el que muchos analistas establecen ciertos paralelismos con *Rebelión en la granja,* de Orwell. Bulawayo se sirve de la sátira para denunciar a un poder –el del ya fallecido Mugabe y el que ostenta el actual presidente, Emmerson Mnangagwa– para el que la autora no es una figura cómoda. «Soy consciente de que al Gobierno no le apasiona mi trabajo, pero no me preocupa». Y añade: «Si guardo silencio, no voy a ayudar en nada a resolver esta situación».

39

Olabisi Obafunke Silva

Comisaria independiente de arte contemporáneo, nigeriana

Considerada la madrina del arte contemporáneo de África por los profesionales del sector, tanto en el continente en el que nació como en Europa y Estados Unidos, Olabisi Obafunke Silva, más conocida como Bisi Silva, siempre tuvo claro que el trabajo de los artistas africanos debía formar parte de la escena global.

Estudió idiomas en la Universidad de Dijon (Francia) y un máster en Comisariado de Arte Contemporáneo en el Royal College of Art de

Londres, donde realizó su tesis sobre la marginación de los artistas negros en las salas de exposición del Reino Unido. En 2002 decidió que era el momento de regresar definitivamente a Lagos (Nigeria) para aprovechar lo aprendido y poner en valor el tremendo potencial artístico que Silva siempre detectó en los africanos. Comprendió que la enorme brecha entre los que creaban en África y los que lo hacían en Europa era la educación y la carencia de espacios en los que mostrar, darse a conocer y tener la posibilidad de vender las obras. Con 13 sobrinos y sobrinas, a los que cuidó como si fueran sus hijos, sus dos grandes aportaciones para superar esos déficits fueron el Centre for Contemporary Art (CCA) y la Asiko Art School, ambos ubicados en la capital nigeriana.

En Londres adquirió experiencia durante varios años como comisaria independiente y con Fourth Dial Art, un proyecto sin ánimo de lucro, fundado por ella, de promoción y ayudas para artistas, útil también para establecer una relación entre creadores e instituciones oficiales. Logró, por ejemplo, que se detuviera la mirada en Faisal Abu´Allah, un artista emergente del momento que tuvo su oportunidad con la exposición *Heads of State*, o el pintor nigeriano Ndidi Dike. Silva sabía escuchar, y su conocimiento de las realidades europeas y africanas le permitía dar con la receta adecuada para que cada artista lo intentara al menos una vez.

«Nuestro desafío es la falta de infraestructuras. No poder mostrar los trabajos porque hay países que tienen dos o tres galerías frente a 1.000 artistas. Creadores que impulsan sus propias iniciativas en espacios alternativos y que encuentran formas innovadoras de hacer su trabajo accesible a los blancos», explicó al crear Asiko, que solía describir como un espacio entre «taller de formación, residencia de artistas y academia de artes», donde se fomentaba la investigación y el encuentro.

Silva falleció con 56 años en febrero de 2020, después de luchar durante cuatro años contra el cáncer. En el obituario publicado en *The New York Times* la describieron como una «comisaria aventurera» y Hannah O'Leary, jefa de arte moderno africano en la célebre casa de subastas Sotheby's (Londres destacó que «trabajó incansablemente» para promover a los artistas africanos y para que el arte internacional llegara a África. Y añadió: «No hizo nunca lo obvio. Su conocimiento y visión no tenían rival». La lista de reconocimientos, igual que la de las exposiciones que comisarió y los artículos que publicó en revistas especializadas, es difícil de sintetizar. Bajo una simple premisa «Si quieres hacer algo, hazlo tú misma», no esperó a que su entorno se diera cuenta de lo que ella ya veía, y se esmeró para que la capacidad de transmitir sensaciones y de abrir la mente que tiene el arte estuviera al alcance de todos, tanto de los que crean como de los que observan una obra.

40

Phiona Mutesi

Jugadora de ajedrez, ugandesa

En uno de los numerosos perfiles de Phiona Mutesi que se pueden encontrar en Internet, una frase escondida en un párrafo secundario permite vislumbrar los orígenes de la ajedrecista más reputada de Uganda: «Mutesi, que cree tener 25 años…». Una mujer que no conoce su punto de partida, igual que millones de personas que nacen en países donde los registros de natalidad son una utopía. Arañando aquí y allá surge una fecha: «Puede que naciera el 28 de marzo de 1996».

Residente en Seattle (EE. UU.) desde 2017, licenciada en Administración de Empresas y empleada de Microsoft, Mutesi nació en Katwe, uno de los suburbios de Kampala (Uganda). Huérfana de padre a los tres años –su progenitor falleció a causa del sida–, tuvo que dejar el colegio de forma prematura porque los exiguos ingresos familiares no eran suficientes para afrontar sus gastos escolares. Empezó a vender maíz por las calles de la capital hasta que descubrió de forma casual la escuela de ajedrez que dirigía un misionero cristiano, Robert Kalende. Allí se topó con un juego que ni siquiera podía nombrar en luganda, su lengua materna. Aquel silencioso y ordenado baile de extrañas figuras sobre un tablero era entonces «un juego de blancos». Aunque todo era una sorpresa para aquella niña de nueve años, entendió que aquel era su sitio. Además de enseñarle los movimientos de caballos, reyes y reinas, le daban la comida del día, algo no desdeñable para una familia del suburbio. Solo 50 partidas le bastaron para ser la mejor de la escuela. En numerosas entrevistas ha repetido que «los chicos del *slum*, cuando comemos, nos lo comemos todo, porque no sabemos cuándo volveremos a comer. Cuando aprendemos es igual».

Con 11 años se convirtió en la mejor jugadora júnior de Uganda. En 2009 participó en Sudán en su primer campeonato internacional. El Mundial de 2010 consagró su valía —cuentan que antes de salir, una de sus mayores preocupaciones era saber si hacía mucho frío en Siberia, lugar donde se celebró la competición—, y en 2012, en Estambul, obtuvo el Woman Candidate Master de la Fundación Internacional de Ajedrez, uno de los principales reconocimientos de la especialidad.

Después de conocer su historia, Tim Crothes escribió su biografía, *La reina de Katwe,* que luego Disney llevaría en 2016 al cine con el mismo nombre. Crothes, en aquellas páginas, describió con meridiana crudeza el entorno en el que había crecido Mutesi: «Nacer africano es ser un marginado en el mundo. Nacer en Uganda es ser un marginado en África. Nacer en Katwe es ser un marginado en Uganda. Nacer niña es ser una marginada en Katwe». A esa secuencia de aseveraciones Mutesi respondió en una entrevista en el diario digital La Voz: «Las mujeres tienen problemas para crecer en todas partes, pero ahora estamos tomando fuerza y logrando mejores posiciones en la sociedad que antes eran solo para hombres».

En la actualidad, Mutesi juega menos al ajedrez. Sin embargo, recuerda una partida con detalle, la que jugó en 2019 con Gari Kaspárov. Perdió. Sin embargo, «me enseñó cómo medir mis tiempos de respuesta, me enseñó a no jugar rápido. Básicamente me dijo que fuera más paciente». Tan paciente como para esperar a que en uno de los suburbios más depauperados de Kampala alguien abriera una puerta para conseguir dar jaque mate a la pobreza. «Gracias al ajedrez, mi familia tiene una casa y comida».

41

Phuti Mahanyele

Economista y empresaria, sudafricana

Es un preciso y completo ejemplo de una persona hecha a sí misma. De su infancia en Soweto –el suburbio más famoso de Sudáfrica porque en una de sus calles vivieron, entre otros, Nelson Mandela y Desmond Tutu– pasó a estudiar en EE. UU. y Gran Bretaña, para terminar con su nombre apareciendo en las listas de mujeres más influyentes y líderes de opinión en The Wall Street Journal (2008), Africa Investor (2012) y Forbes (2014).

Nacida en marzo de 1971, heredó el afán de superación y el deseo de alcanzar objetivos de su padre –quien, para diferenciarse de sus 11 hermanos, se pagó él mismo los estudios– y de su madre –que murió cuando Phuti Mahanyele tenía tan solo 17 años–. «El fallecimiento prematuro de mi madre, a los 42 años, fue toda una lección para mí: la de no perder el tiempo ni tampoco dar por sentado que estaría siempre ahí».

De hecho, Mahanyele aprovechó sus años estudiando Económicas en la Universidad Rutgers (EE. UU.) para labrarse con posterioridad una carrera profesional trepidante en el sector de la inversión bancaria internacional en el Grupo Capital, de Nueva York, especializado en el desarrollo de infraestructuras. Pasó por otras entidades financieras, hasta que a principios de los años 90 decidió regresar a su Sudáfrica natal. «¿Dónde en el mundo tenía más sentido estar para una mujer negra que allí?», declaró cuando le preguntaron los motivos por los que dejó su exitosa carrera en tierras estadounidenses.

Eran los años en los que empezaba a cambiar la situación de discriminación violenta vivida por la población negra en Sudáfrica, cuando el concepto del «*black empowerment*» (empoderamiento negro) alcanzaba a todos los sectores. «Sentí el compromiso de unirme a ese cambio político y contribuir a la economía del país», suele explicar cuando la entrevistan, al desvelar su afán para que la inversión permanezca en el continente africano y tenga un impacto directo en su desarrollo. Esto es lo que hizo que dedicara más de diez años de su vida a trabajar con empresas emergentes, para que se convirtieran en actores significativos del cambio. Lo hizo, por ejemplo, desde puestos de mucha responsabilidad en Shanduka Energy: «Mi trayectoria está centrada en el trabajo con financieras y con bancos». En Naspers –una gran corporación mediática, con sede en Sudáfrica–, donde es la primera persona negra en convertirse en directora ejecutiva, trabaja con sociedades «cuya poca financiación no debe impedir que mantengan una visión propia del negocio».

Fundó la empresa Sigma Capital, ha dirigido cinco compañías y ha formado parte del consejo de corporaciones muy conocidas como Vodacom, líder de la telefonía móvil sudafricana. A finales de diciembre de 2023 explicaba en un foro económico celebrado en su país natal que «en África solo están 716.000 de los 26,8 millones de desarrolladores que hay en el mundo». La sudafricana, que acumula numerosos galardones, confía en que el emprendimiento de los jóvenes ayude a reducir el elevado desempleo de su país, razón por la que participa en iniciativas filantrópicas, como la mentoría de estudiantes y jóvenes profesionales.

42

Hna. Rita Mboshu Kongo

Teóloga, congoleña

La Hna. Rita Mboshu Kongo pasó del anonimato a la fugacidad de la fama que otorgan los medios de comunicación en mayo de 2015. En un seminario organizado en Roma por *Donne Chiesa Mondo,* el suplemento femenino de *L'Osservatore Romano,* la religiosa denunció los abusos sufridos por consagradas africanas por parte de sacerdotes, obispos y personas que las ayudaban económicamente. Enviadas por sus congregaciones a estudiar fuera de sus países sin medios suficientes para subsistir, «sus benefactores las someten y explotan su cuerpo. Si no tienen nada que dar a cambio, venden lo que tienen», denunció con contundencia, para añadir que, además, la víctima era repudiada: «Solo se trata este tema cuando surge un problema como el de la religiosa embarazada. En esos casos se condena a menudo a la monja echándola del convento». En *Vida Nueva* dejó un titular sin matices: «Son como los leprosos del Antiguo Testamento». Sin embargo, con aquellas palabras, la religiosa no pretendía provocar ningún incendio. En declaraciones a *Donne Chiesa Mondo* en junio de 2023 decía que «cuando hay algo que no funciona, se tiene que hablar para encontrar una solución. La Iglesia es madre de todos. Un niño no puede ir a denunciar a su madre, sino a pedirle ayuda».

Pero la figura de esta religiosa congoleña de las Hijas de María Santísima Corredentora trasciende al impacto que tuvieron aquellas palabras. Natural de la zona de Mweka (RDC), pertenece a un clan, los ketes, de tradición matriarcal, algo que ha influido de forma determinante en su forma de ser. En esa misma entrevista a *Donne Chiesa Mondo* indicaba que «en la sociedad africana tradicional, las mujeres eran consideradas las guardianas de la tradición, las educadoras, las madres y, sobre todo, desempeñaban un papel religioso reconocido por los hombres (...). El mando espiritual y cultural lo tiene la mujer. Los hombres son los "portavoces", pero hablan de las ideas de la mujer».

Profesora de Teología Espiritual y Formación para la Vida Consagrada en la Universidad Urbaniana de Roma, fue enviada a estudiar al Instituto San Tommaso di Messina y al Teresianum de la capital italiana, donde se licenció en Teología Espiritual. Con este currículo, se siente legitimada para pedir una mayor inversión de recursos en la formación de las religiosas: «Los seminaristas hacen al menos ocho años de estudios y las monjas solo tres. Queremos una formación más sólida para conocer los fundamentos de la vida consagrada y saber cómo vivir los votos como mujer», dijo a *Vida Nueva,* aunque tampoco dudó en repartir responsabilidades: «No creo que sea una cuestión de machismo. Son las superioras las que, a veces, ven como una pérdida de tiempo que una religiosa estudie».

Catalogada por *El Debate* como «la voz de la mujer y la familia en el Vaticano», la religiosa reconoce que «con el Santo Padre estoy aprendiendo cuál es mi misión en la Iglesia como mujer, como consagrada y como africana». Y en ese itinerario, también tiene un hueco la

Fundación Papa Francisco para África, de la que es presidenta, a través de la cual se ayuda a jóvenes madres desempleadas del barrio de Ngomba Kikusa, en Kinshasa (RDC). «Los problemas de las mujeres son los mismos en todo el mundo, solo que tienen formas distintas», concluye.

43

Salima Mukansanga

Árbitra de fútbol, ruandesa

Hasta hace unos años, los escasos vínculos de Ruanda con el fútbol profesional tenían más que ver con la política que con el mismo deporte, por paradójico que pueda parecer. Y buena culpa de ello la tuvieron las apariciones del país, vía publicidad, en las camisetas de dos reputados clubes de fútbol europeos: el Arsenal inglés y el Paris St. Germain francés. No faltaron quienes señalaron que aquellas campañas pretendían un blanqueamiento encubierto del régimen de Kagamé.

La aparición de la ruandesa Salima Mukansanga en el equipo arbitral del Mundial de Catar 2022 fue una sorpresa prácticamente para todo el mundo. Algunos, sin embargo, ya anticipaban en esta ruandesa nacida el 25 de julio de 1988 capacidades más que suficientes para pitar en una competición de esta envergadura. La cita catarí fue el espaldarazo a su carrera, aunque en realidad fue una muesca más en su dilatado currículum. Internacional desde 2012, en su haber se cuentan arbitrajes en el Mundial Femenino de Fútbol Sub-17 (2018), el Mundial Femenino de Fútbol (2019), los Juegos Olímpicos de Japón (2020), la Copa Africana de Naciones (2021) –fue la primera mujer en arbitrar en la principal competición de selecciones masculinas del continente–, la Copa Africana Femenina de Naciones (2022) o el Mundial Femenino de Fútbol celebrado en el verano de 2023 en Australia y Nueva Zelanda, en el que España obtuvo el título con un gol de Olga Carmona.

Sin embargo, como es natural, su primer partido fue mucho menos glamuroso. Le tocó aplicar los límites del reglamento en su tierra: era un encuentro de la Escuela Secundaria St Vincent de Paul Musanze. Cuatro años después, Mukansanga ya pitaba por todo el continente.

En un país de poca tradición futbolística, la trencilla se aficionó a la práctica del arbitraje en su infancia, cuando iba a los campos de fútbol de su localidad para ver los partidos. Allí le llamaban la atención tanto las y los jugadores como el trabajo de los jueces deportivos. La vocación por impartir justicia en el terreno de juego –que caminaba a la par que su deseo de ser obstetra y enfermera– culminó en la temporada 2007-2008, cuando empezó a ejercer como colegiada. En una entrevista en el diario *Sport* recordaba las dificultades de sus inicios: «En ese momento era nuevo, porque no habíamos visto mujeres árbitras. Es un campo dominado por hombres. La gente no aceptaba lo que estábamos haciendo. A regañadientes decían: "Ella está bien"». Aunque no todos piensan así. El 21 de enero de 2023, en un partido de la pasada edición de la Liga Nacional Africana que enfrentaba al Kiyovu Sports y al Gasogi United, un grupo de aficionados descontentos con su labor comenzó a llamarla «puta» e intentaron agredirla. La Policía tuvo que intervenir y detuvo a seis personas por ello.

Firme en sus decisiones, Salima Mukansanga también lo es en sus convicciones. Por eso, en la entrevista al *Sport* citada líneas arriba no dudaba en afirmar: «No me arrepiento de nada. Aquí estoy y merezco estar aquí. Este es mi momento, y tengo que aprovechar este tiempo para hacerlo brillar». Y eso lo hace sin necesidad de apoyarse en las amonestaciones. En los dos partidos que dirigió en el Mundial de Australia y Nueva Zelanda solo mostró tres tarjetas amarillas… y ninguna roja.

44

Seynabou Diouf

Policía especializada en abusos y agresiones sexuales, senegalesa

Es una de las 1.323 mujeres policías de las misiones de paz de Naciones Unidas, que representan a cerca del 15 % de los cascos azules policías desplegados en el mundo. «Lo que hace un hombre, una mujer puede hacerlo mejor», sentenció en una de las entrevistas que concedió tras ser reconocida como la mejor mujer policía de la ONU en 2019. Un galardón que llega después de haber ejercido durante más de 30 años en la Policía de Senegal, su país de origen –fue la primera mujer que se incorporó al cuerpo–, y de haber servido en las misiones internacionales de paz y seguridad de la ONU en Darfur (Sudán), Malí y República Democrática de Congo (RDC).

Quería ser médica, pero las necesidades económicas de su familia –tiene más de 20 hermanos– le obligaron a presentarse a las primeras oposiciones disponibles, y así pasó a formar parte de los «guardianes de la paz», bajo el paraguas de la Policía Nacional senegalesa. Seynabou Diouf (Dakar, 1959) entendió desde sus primeros servicios que la violencia contra las mujeres y la situación vulnerable de las niñas sería su *leitmotiv*.

«Hay que contar con mujeres policías en la lucha contra los abusos y la explotación sexual porque cuando has sido herida o violada, cuando estás bajo algún tipo de presión, prefieres hablar con una mujer que jamás te preguntará qué llevabas puesto. Porque incluso si estabas desnuda, eso no es una llamada a la violación», explicó Diouf a *El País*. Categórica y convincente, considera que el trabajo sobre el terreno, conociendo a las personas a las que la ONU debe ayudar, le ha permitido plantear estrategias realistas que desbloquean situaciones complejas. «No habrá paz sin desarrollo», comentó en el vídeo de presentación de su candidatura para el galardón. Y el tan manido «empoderamiento de las mujeres» cobra todo su sentido en una labor que Diouf desempeña con esmero. La formación y el apoyo logístico son claves, y así es como ha comprobado que mujeres que no tenían más salida que la prostitución o la mendicidad, sometidas a normalizados abusos y agresiones sexuales, han sido capaces de creer en ellas, aprender un oficio y convertirse en autosuficientes.

Desde Kiwanja, a 80 kilómetros de Goma (RDC), donde forma parte de la MONUSCO (Misión de Estabilización de la ONU en RDC), Diouf cree que no hay que bajar la guardia ante los buenos resultados obtenidos. Entre 2014 y 2016 se registraron 98 casos de abusos y explotación sexual por parte de personal de la ONU, pero desde 2018, cuando llegó a la Misión, hasta 2020 no se interpuso ninguna denuncia[3]. Con ese logro en la manga demuestra el impacto positivo que tienen en las comunidades donde trabajan, lo que les permite generar una red de mujeres que confían en ellos.

Asegura que su biblia son las resoluciones y los informes de los secretarios generales de la ONU, la referencia de cómo deberían hacerse

[3] Después de la publicación de este perfil en la revista MUNDO NEGRO, se han producido nuevos casos de abusos sexuales cometidos por miembros de la MONUSCO. Uno de los últimos casos se conoció en el otoño de 2023. En octubre de ese año, la ONU anunció la detención y suspensión de varios cascos azules acusados de abuso y explotación sexual.

las cosas, y lo que le ayuda a no perder el rumbo ante situaciones complejas. Lo cierto es que en la extensa carrera profesional de Diouf existe una coherencia que no elude la autocrítica, y en la que el mayor aprendizaje es que hay que llegar hasta el fondo. Por eso, cuando en Darfur los hombres le prohibían hablar con sus mujeres, ella les convencía iniciando la conversación con recomendaciones de higiene y educación, y cuando se quedaban solas, pasaba a hacerlo sobre violencia de género.

45

Stella Chiweshe

Cantante y música, zimbabuense

Aprendió a tocar la mbira dzavadzimu, un instrumento tradicional de los zezuru –pertenecen al pueblo shona– a mediados de los años 60 del siglo pasado. Con este gesto rompió con la tradición y la historia, ya que su uso era exclusivo de los hombres en las ceremonias de invocación de los espíritus. Fue toda una declaración de intenciones, porque al sentarse junto a los hombres en las ceremonias se arriesgaba a ser encarcelada. Pero esta determinación la acompañó hasta su muerte a principios de 2023. «Los hombres eran los que tocaban la mbira y para poder hacerlo yo me tenía que sentar con ellos, con un hombre a cada lado mío, y eso hacía que las mujeres se sintieran muy incómodas», explicó Chiweshe, que abrió camino a su propia hija, Virginia Mukwesha, y a Chiwoniso, la hija de una de las referencias nacionales en mbira, Dumisani Maraire.

Cuando la escuchó por primera vez sintió una necesidad enfermiza por aprender a tocarla («el sonido del instrumento nunca me abandonó»), y eso marcó su trayectoria profesional, en la que mezcló los instrumentos tradicionales con sintetizadores y guitarras eléctricas. Su dominio de la mbira fue tan notable que se convirtió en la solista de ese instrumento en la Compañía Nacional de Danza de Zimbabue, participando en giras internacionales por África, Europa y EE. UU, y siendo incluida en citas emblemáticas como el WOMAD, .

En 1985 inició su carrera en solitario, siendo Alemania uno de los países donde mejor se entendió su música y donde acabó residiendo. De hecho, el sello germano Piranha Muzik asumió la mayor parte de sus grabaciones. «Estar en Alemania supone un pequeño problema para mí. Me resulta difícil estar lejos de Zimbabue. El aire está contaminado y hay pocas cosas que hacer en comparación con estar en casa. Necesito conducir esa energía tocando la mbira a todas horas», explicó a la publicación *RootsWorld.*

Su otra faceta artística fue la de actriz. Fundó el Grupo de Mujeres de la Madre Tierra en su país y fue autora de la obra de teatro *Chiedza.*

Recibió varios premios, entre los que destaca el Ambuya Chinyakare (que significa 'abuela de la música tradicional') y el ZIMA, en 2005. También obtuvo un máster en Artes por la Universidad de Harare.

«El timbre suave de la mbira está cerca del sonido del agua, algo que es intrínsecamente familiar a todo el mundo. Es una forma absoluta de terapia», declaró Chiweshe en la misma entrevista, haciendo alusión al «espíritu» del instrumento, que cura dolores físicos y provoca lágrimas que parecen ajenas. «La gente no entiende realmente la fuerza de este poder, que te puede coger completamente por sorpresa», concluyó.

Chiweshe parecía haberse contagiado por el misticismo del instrumento que dominó su existencia. En la conexión de la naturaleza con los sentimientos más profundos del ser humano encontró respuestas a las dificultades por las que había pasado su país, convencida –en un discurso feminista del que no siempre era consciente– de que la energía de la Tierra acabaría reconduciendo la violencia y la tristeza de tantas situaciones por resolver.

La reina de la mbira de Zimbabue, que se enfrentó al Gobierno colonial de la antigua Rodesia, empezó tocando en ceremonias clandestinas y acabó ganándose la adminración y el respeto tanto de los músicos tradicionales como de los contemporáneos.

46

Stella Nyanzi

Académica feminista y antropóloga médica, ugandesa

Es una mujer sin miedo. Tras estudiar literatura y antropología, decidió especializarse en planificación familiar, salud pública y sexualidad para combatir tabúes de la conservadora sociedad ugandesa ante derechos fundamentales de las mujeres y de personas vulnerables que han tenido que enfrentarse a enfermedades que generan un gran estigma social como el sida.

No solo no tiene pelos en la lengua, sino que hace más de siete años que decidió adoptar la estrategia de la «grosería radical» –tradición empleada en su país contra los colonizadores británicos a través del insulto público– para combatir al autoritario régimen del presidente Museveni.

Stella Nyanzi (@drstellanyanzi), reconocida académica feminista, tanto en Uganda como a nivel internacional, ha tenido el coraje de desafiar al poder en público. Madre de tres hijos e investigadora en la Universidad de Makerere, premiada por Oxfam y PEN internacional por su defensa de la libertad de expresión, en 2017 lanzó la campaña en redes sociales #Pads4girlsUG –que significa «compresas o tampones para niñas en Uganda»– para recaudar fondos que le permitieran distribuir a un millón de niñas esta necesidad higiénica que provoca la ausencia escolar del 30% de ellas durante sus períodos.

En marzo de 2017 fue detenida por primera vez cuando participaba en un acto relacionado con el derecho de cada persona a su sexualidad. Unos días antes había utilizado su perfil en Facebook para insultar al matrimonio presidencial. Se refirió a Yoweri Museveni como «un par de nalgas» y a su esposa, Janet Museveni, ministra de Educación desde 2016, como «un cerebro vacío».

Bajo la Ley Informática de Calumnias de 2011 fue acusada de «comunicación ofensiva y acoso cibernético» al presidente. Pasó un mes en la cárcel, lo que provocó la campaña internacional #FreeStellaNyanzi. En agosto de 2019 fue de nuevo condenada y pasó 16 meses en una cárcel de máxima seguridad de Kampala. El día que fue convocada por el juez para recuperar la libertad apareció sonriente y mostrando el libro de poemas *No roses from my mouth*, escrito en la cárcel y que se publicó gracias a que las visitas que recibió en ese tiempo burlaron los controles y sacaron los manuscritos. Provocativa, pasó leyendo su libro las dos horas que le hizo esperar el magistrado. «La poesía es una herramienta práctica de la resistencia», declaró sobre las palabras crudas, a menudo vulgares y siempre políticas, de su libro.

«Planeé ofender a Yoweri Museveni porque él nos ofende a nosotros desde hace más de 30 años. Estamos cansados de la dictadura. Uso la vulgaridad porque llega a un punto en el que la conversación educada no alcanza», sentenció al abandonar la prisión la que ya es una heroína para los jóvenes, después de contar que fue torturada físicamente –sufrió un aborto–. Antes de las elecciones de 2021, a las que se volvió a presentar –y ganó– Museveni, en varias ocasiones le añadieron días a su condena, tras un juicio no transparente y politizado. Al frente de un colectivo que acusa al Gobierno de estar ejecutando un *apartheid* con sus medidas anticoronavirus, el 18 de mayo de 2020 fue detenida cuando se dirigía en una manifestación a la oficina del primer ministro para protestar por la «lenta distribución» de comida y ayuda a la población más vulnerable.

47

Susana Edjang

Experta en desarrollo y salud global, ecuatoguineana

Nacida a finales de los años 70 en Guinea Ecuatorial, su vida ha transcurrido en tres continentes (África, Europa y América). Se formó en prestigiosas universidades como Harvard, Yale y SOAS para, desde muy joven, emprender una carrera profesional en diferentes organismos de Naciones Unidas, donde su origen multicultural siempre fue un valor añadido.

«Cuando era pequeña estaba como una cabra y quise ser un poco de todo... cantante de ópera, científica, gimnasta, filósofa, carpintera, monja, escritora..., pero, por encima de todo, quería ser feliz», explicó Susana Edjang a Lucía Mbomío, colaboradora de MUNDO NEGRO, en una entrevista publicada en *Afroféminas*.

Para hacer una presentación reducida de esta mujer que parece imparable deberíamos decir que es experta en desarrollo internacional y salud global, que forma parte del consejo de administración de la Fundación Africa 2.0, cofundadora de Afroinnova –una red de innovación comunitaria para la diáspora africana–, o que es miembro del consejo de la Real Sociedad Africana de Reino Unido, además de cofundadora de Collateral Benefits, una plataforma que pretende, a través de la venta de artículos, que se escuchen las voces africanas y afrodescendientes que pueden contribuir a una conversación global sobre temas críticos de actualidad. En 2015 recibió el Premio a la Mujer Inspiradora del Año y está considerada como una de las cien mujeres más influyentes del continente africano.

«Es crucial aumentar la sensibilización y la inversión en salud mental, sabemos por la experiencia anterior en las crisis de las epidemias de ébola o VIH-sida que las consecuencias psicológicas perdurarán más que la pandemia», declaró a *El País* en mayo de 2021 para hacer hincapié en una de sus batallas, la salud mental en África, en la que insistió durante la pandemia.

Reconoce que la principal inspiración para que su trabajo tenga un impacto positivo en la vida de las personas es su madre: «Es importante creer en una misma, pero también lo es saber que para conseguir cualquier cosa que merezca la pena, necesitas apoyo... de tu familia, amistades, mentores, colegas».

Edjang, que se autodefine como «una persona muy local y al mismo tiempo global», ha sido capaz de crear su familia extendida africana en entornos muy diferentes. Desde los más de cinco años que trabajó en la oficina de la Secretaría General de la ONU, acompañando a Ban Ki-moon en muchas misiones, a su labor en el Fondo de Población de la ONU, la oficina de enlace en Etiopía de la Unión Africana y la Comisión Económica para África, su trabajo de asesoramiento a la misión permanente de Guinea Ecuatorial en la ONU o el puesto que ocupa en la actualidad en el Programa Mundial de Alimentos.

Codearse con los que toman decisiones y que su opinión pueda afectar a millones de personas no parecen achantarla. Humilde y generosa, demuestra no haber dejado nunca de tener los pies en el suelo, siempre dispuesta a escuchar y aprender de los lugares y las personas con los que se encuentra. «Aprendo de todo el mundo... Verte representada es muy poderoso, ir a países donde ves a profesores, dentistas, médicos, líderes afrodescendientes de proyectos industriales o de varias minorías étnicas me ayudó mucho», apunta, corroborando la razón por la que en MUNDO NEGRO creamos la sección de *Africanas*.

48

Hna. Tseghereda Yohannes

Misionera y doctora en Medicina Molecular, eritrea

Cuando en junio de 2021 la misionera comboniana Hna. Tseghereda Yohannes fue nombrada secretaria general del episcopado eritreo (ErCS), un dato de su biografía destacó por encima de los demás: la religiosa se había doctorado en 2019 en Medicina Molecular por la Universidad de Agricultura y Tecnología Jomo Kenyatta, de Kenia, estudios para los que fue becada por la Autoridad Universitaria Superior de su país. Ese grado académico culminaba un período de aprendizaje que incluyó una licenciatura en Biología (1982) por la Universidad de Notre Dame, en Cleveland (EE. UU.), y un máster en Biología Molecular por la también estadounidense Universidad Villanova (1992). Quizás por eso no sorprendieron sus manifestaciones después de conocerse el nombramiento: «Siempre me ha fascinado la sabiduría del rey Salomón. Cuando se convirtió en rey, no pidió al Señor riqueza y poder, sino sabiduría y discernimiento para dirigir al pueblo de Dios». En esos días, también declaró a Catholic News Service que su llegada a la ErCS «fue algo muy inesperado para mí, ya que todo mi ministerio se ha centrado en la enseñanza».

Con solo 22 años, y uno después de su profesión religiosa, la Hna. Yohannes se dirigió por primera vez al aula como docente. Era el curso 78-79, y la misionera eritrea, nacida el 26 de septiembre de 1956 en Seganeiti Zoba, comenzó sus clases como profesora de Inglés para alumnos de Primaria en la misión comboniana de Gondar (Etiopía).

Después de aquella primera experiencia, la Hna. Yohannes volvió a su país, donde trabajó como catequista en Halib-Mentel y en el entorno de Asmara.

Como es frecuente en las congregaciones religiosas misioneras, no tuvo que pasar mucho tiempo para que tuviera que hacer las maletas de nuevo. Fue destinada a Kenia, primero a la misión de Dol Dol, en el centro del país, y después a Moyale, donde enseñó Química y Biología en la escuela secundaria estatal. De nuevo en su país, entre 2001 y 2006 fue profesora de Bioquímica, Biología General, Genética y Biología Molecular en la Universidad de Asmara. Además de la docencia, la Hna. Yohannes se involucró en la capellanía de la Asociación Juvenil de la Universidad Católica de Eritrea. De ahí pasó al Instituto Eritreo de Tecnología, en la localidad de Mai-Nefhi, donde se desempeñó como profesora asistente de Biología hasta 2016.

Esta trayectoria, junto a su trabajo en la congregación, en el equipo de Justicia y Paz en Eritrea o en la promoción del diálogo interreligioso, la llevó a su nombramiento en la ErCS. En un país al que se conoce como la Corea del Norte africana debido a la falta de libertades y a la hostilidad gubernamental hacia las diferentes confesiones religiosas, la Hna. Tseghereda señaló que dirigirá sus esfuerzos para «llevar a cabo actividades pastorales, humanitarias y sociales para la construcción de la sociedad en nombre de la Iglesia católica para todos los eritreos, independientemente de su etnia, creencias religiosas o edad».

49

Vanessa Nakate

Activista climática, ugandesa

Es mucho más que la Greta Thunberg africana, porque la realidad del continente es más compleja que la europea al reflexionar sobre los efectos del cambio climático. Pero la activista sueca sí fue para Vanessa Nakate una inspiración para pasar a la acción cuando las temperaturas empezaron a subir en Kampala (Uganda) en 2018 y decidió hacer una huelga de hambre ante el Parlamento para criticar la inacción de los Gobiernos africanos.

A pesar de que aún no ha cumplido las tres décadas de vida, Vanessa Nakate ya es una referencia en los foros internacionales. Fundó la Juventud para el África del Futuro y el Movimiento Rise Up (Levántate), es la portavoz de Fridays for Future (Viernes por el futuro, fundado por Thunberg) y ha participado en las últimas conferencias sobre cambio climático de la ONU, donde ha protestado porque los países más contaminantes del planeta, con EE. UU. a la cabeza, no están cumpliendo las promesas económicas con los que más las padecen –solo el 4 % de la contaminación global se atribuye al continente africano–.

«Mi país depende en gran medida de la agricultura, la mayoría de las personas que viven en pueblos y comunidades rurales tienen problemas para obtener alimentos por los altos precios. La falta de lluvias significa hambre y muerte para los menos privilegiados», explicó en una entrevista a la periodista Amy Goodman.

Apoyándose en datos, como que el cambio climático amenaza con exponer a 118 millones de los africanos más pobres a sequías, inundaciones y calor extremo antes de llegar a 2030, Nakate forma parte de una red de activistas que, desde lo local, exigen una acción que no puede esperar. «En vez de preguntarnos hasta dónde debe llegar el activismo climático, tenemos que preguntarnos hasta dónde debe llegar la destrucción del medio ambiente para que nuestros líderes despierten y hagan lo necesario para combatir el problema», explicó en 2023 a *Planeta Futuro*.

En 2021 publicó el libro *A Bigger Picture: My Fight to Bring a New African Voice to the Climate Crisis,* en el que recoge lo aprendido en sus años de activismo: la certeza del aumento de la pobreza y desigualdad generada por el cambio climático, como en la selva tropical del río Congo, que para 2100 podría perder miles de especies animales y vegetales de las que dependen 70 millones de personas. En el Foro Económico Mundial de Davos de 2020 denunció un trato racista por parte de los medios al recortarla de una fotografía en la que aparecía con otras jóvenes activistas climáticas.

Embajadora de Buena Voluntad de UNICEF desde 2022 y reconocida en 2021 por la revista *Time* como una de las 100 líderes globales, Nakate ha logrado en cinco años, a través de su proyecto Vash Green Schools, poner en marcha 39 instalaciones de paneles solares en escuelas de Uganda. «Soy una persona terriblemente tímida, pero encontré la fuerza y el coraje para hacer una pancarta y plantarme delante del Parlamento en 2019. Ninguna voz es demasiado pequeña para marcar la diferencia y ninguna acción es demasiado pequeña para transformar el mundo», confesó en un foro después de recordar que su amiga activista Evelyn siempre dice que «no podemos comer carbón y beber petróleo, y que el dinero será inútil en un planeta muerto».

50

Yvonne Mburu

Científica e innovadora, keniana

Yvonne Mburu trabajaba en 2012 en el parisiense Instituto Marie Curie de investigación y tratamiento del cáncer cuando le comunicaron que una tía suya en Kenia padecía cáncer de pulmón y que había decidido curarse en el extranjero. Al recordar este hecho, la oncóloga e inmunóloga keniana señaló en una entrevista en Radio France International (RFI) que «si la solución es dejar nuestro país para buscar tratamiento en otro lugar, ¡nada cambiará jamás!».

La inquietud que parasitaba esa reflexión fraguó y, cinco años más tarde, se convirtió en Nexakili, una red que pone en contacto a médicos y científicos africanos. Mburu ha reconocido que «cuando busco personas con las que colaborar en una investigación, es muy fácil hacerlo con estadounidenses, chinos o australianos, pero no lo es con africanos, porque no los conoces». En opinión de la keniana, «hay muchos expertos africanos en todo el mundo, la cuestión es que estos expertos no están en África. De hecho, yo soy una de ellos». Con esta red, además de promover los vínculos entre la comunidad científica africana dentro y fuera del continente, Mburu pretende incrementar la investigación impulsada por africanos, que apenas supone un 2 % del total mundial.

Nexakili es, probablemente, el trabajo que mayor visibilidad ha dado a esta mujer, nacida en la capital keniana en 1982, y que se ha formado en Canadá –donde se especializó en Biología y Química en Toronto, con una beca de la Universidad de York–; Estados Unidos –allí se doctoró en Inmunología por la Universidad de Pittsburgh, trabajo con el que obtuvo el Premio Lloyd J. Old Memorial y una beca del Cancer Research Institute, de Nueva York–; y Francia, país en el que completó sus estudios en el Marie Curie. En Francia también es miembro del Consejo Presidencial para África, creado por Emmanuel Macron en 2017, cargo que aceptó con la condición de mantener su independencia y con el objetivo de «asegurarme de que Macron sepa lo que quieren los africanos».

En 2020 viajó a Nairobi para participar en el Next Einstein Forum, donde se entrega un premio que reconoce el trabajo de los mejores científicos africanos, y que ella recibió en 2018. Sin embargo, debido a la expansión de la COVID-19, el acto se tuvo que suspender. En su país, y con el coronavirus recorriendo todo el planeta, tomó otra decisión que volvió a mezclar a la familia con sus inquietudes como investigadora. Decidió quedarse en la capital keniana para cuidar de sus padres, a la vez que para crear un grupo de trabajo que establezca un patrón de comportamiento del virus en el continente. «Me llevó tiempo encontrar a los mejores matemáticos, científicos o epidemiólogos africanos interesados en el contexto africano. Al principio lo único que veíamos sobre África era algo así como: "Ahí lo tienes, hasta ahora ha habido 15.000 muertos en Italia, así que si hacemos una proyección, habrá 200.000 muertos en África". Pero bueno, ¡eso no tiene nada que ver!», decía a RFI.

Afroptimista –le gusta afirmar que uno de sus objetivos es trabajar en la construcción de un continente que se parezca a su gente, que promueva sus valores, su cultura y sus esperanzas–, ha terminado hace poco la lectura de una biografía de Phil Knight, fundador de Nike –«una biblia para los emprendedores», ha dicho de este trabajo–, y ha retomado el aprendizaje del japonés y el español.

50+1
Roxane N'Ithawe Mutabesha

Estudiante, congoleña

Inquieta, sonriente y con un desparpajo que sorprende para sus 14 años de edad, Roxane se sienta en el sillón que le cede su padre, ante la pantalla del ordenador, para contarnos sus inquietudes y aspiraciones desde Bukavu, la capital de Kivu Sur, en el este de República Democrática de Congo.

Es la mayor de seis hermanos, dos chicos y cuatro chicas, con los que comparte aficiones como el fútbol –es defensa lateral en el equipo femenino de su colegio–, la pintura o ver la televisión: «Siempre estamos peleándonos, por todo y por nada, pero nos queremos mucho». Cursa primero en la especialización de Ciencias y le encanta la física «porque es interesante estudiar la fuerza de los objetos en movimiento sobre una superficie», explica a los pocos minutos de la conversación, dejando caer que quiere estudiar Ingeniería Aeroespacial en EE. UU., «que es donde está la NASA, la referencia». Pasa parte de su tiempo libre viendo documentales sobre astronomía, el sistema solar le obsesiona y quiere comprender más sobre su funcionamiento.

En la escuela es muy activa, ha sido delegada de clase y colabora en la revista del centro promoviendo debates sobre temas que interesan a los alumnos. «El sábado es el día de descanso porque no tengo clase y aprovecho para relajarme y divertirme. Bukavu no está mal, aunque esta súper sucia, pero la gente es simpática en los lugares seguros». Y le gusta escuchar a Beyoncé «porque es muy famosa y lo sabe, pero eso no tiene un impacto negativo en su vida».

«Tengo una relación muy buena con mis padres. Me dan consejos y opinan sobre mis resultados escolares. Me dan referencias para mejorar. El consejo que más me ha influido fue: "Cuídate a ti misma antes de cuidar a los otros"», argumenta tras elogiar el trabajo que hacen tanto su madre, que es ama de casa, como su padre, que es abogado, y de reconocer que se siente muy orgullosa de ellos. «La perseverancia y el esfuerzo para conseguir lo que quieres» son la clave.

Reconoce que, aunque es una niña, ya percibe que en la vida hay dificultades como «la falta de derechos de las mujeres o las dificultades para que exista paridad, y que los chicos las minimizan al creer que las chicas no somos capaces de hacer cosas grandes», a lo que Roxane responde que «gracias a la mujer estamos todos vivos» y que «son las mujeres las que educan mejor porque tienen más experiencia y saben cómo salir adelante para que la familia sobreviva en África».

Cuando le preguntamos por las principales preocupaciones de los habitantes de su ciudad, no duda en señalar la falta de viviendas dignas y de alimentos «Si pudiera hablar con el presidente de RDC le pediría que se asegure de que todos los niños que viven en la calle puedan tener un lugar donde dormir y descansar cada noche. Me pongo en su lugar, me pregunto lo que haría si me encontrase en esa situación, y creo que es un problema muy complejo porque muchos son discriminados, acosados y violados».

Para Roxane, ser niña y futura mujer hace que todo sea más difícil que si hubiese sido un chico porque «algunas niñas quieren entrar en el Ejército, pero por una cuestión cultural les dicen que no pueden hacerlo, que deben formar una familia y ocuparse de la casa». En cambio, no duda en que si le hubiesen dado a elegir, seguiría siendo una niña: «Las chicas tienen más capacidades que los chicos, lo veo en mi escuela, las chicas trabajan y se concentran mejor».

Junto a sus amigas íntimas, Joyce –«es muy simpática, pero muy tímida y poco social»– y Tiria –«le apasiona la poesía»–, suele hablar de las asignaturas de la escuela, de deportes (fútbol y baloncesto) y de dibujos animados (manga japonés). Ha viajado una sola vez, fue a Burundi, donde asegura que lo pasó genial porque conoció una «nueva gastronomía y a gente diferente», y ahora le gustaría visitar Quebec (Canadá), «porque dicen que es muy bonito y quiero comprobarlo».

Nos ponemos a soñar con Roxane para ver hasta dónde quiere llegar en la vida. «Me gustaría descubrir si existen en otra galaxia personas o seres que puedan tener las mismas características que los humanos. Yo no me los imagino como en las películas, avatares azules, sino seres que tienen una forma diferente. Pero de lo que sí estoy segura es de que no les gustamos. Por eso,creo que cuando nos encontremos habrá una especie de batalla, porque nosotros queremos estar solos y ellos también».

Su comida preferida es un plato africano, «el fufu con hojas de mandioca y carne» y, espontánea, nos ofrece una receta rápida para hacer un bizcocho. Antes de despedirnos, se pone seria, toma de nuevo la palabra para una última reflexión: «Me da un poco de miedo el mundo del futuro por el calentamiento global, sobre el que hay que reflexionar para evitarlo, y por la inteligencia artificial. En el futuro, los seres humanos serán reemplazados por cíborgs y los derechos humanos desaparecerán por el choque entre culturas. Me he dado cuenta de que todo el mundo quiere imponer su cultura y su forma de pensar a los demás... En cambio, en el futuro, las mujeres serán las responsables de las mayores empresas porque son más responsables que los hombres».

ÍNDICE POR PAÍSES

Págs.